La joie de l'amour

EXHORTATION APOSTOLIQUE POST-SYNODALE
AMORIS LÆTITIA

DU SAINT-PÈRE
FRANÇOIS
AUX ÉVÊQUES
AUX PRÊTRES ET AUX DIACRES
AUX PERSONNES CONSACRÉES
AUX ÉPOUX CHRÉTIENS
ET À TOUS LES FIDÈLES LAÏCS

SUR L'AMOUR DANS LA FAMILLE

ARTÈGE

Éditions Artège
10, rue Mercœur - 75011 Paris
9, espace Méditerranée - 66000 Perpignan

www.editionsartege.fr.

ISBN : 978-2-36040-181-9
EAN EPUB : 979-1-03360-044-2

INTRODUCTION

1. La joie de l'amour qui est vécue dans les familles est aussi la joie de l'Église. Comme l'ont indiqué les Pères synodaux, malgré les nombreux signes de crise du mariage, « le désir de famille reste vif, spécialement chez les jeunes, et motive l'Église[1] ». Comme réponse à cette aspiration, « l'annonce chrétienne qui concerne la famille est vraiment une bonne nouvelle[2] ».

2. Le parcours synodal a permis d'exposer la situation des familles dans le monde actuel, d'élargir notre regard et de raviver notre conscience de l'importance du mariage ainsi que de la famille. En même temps, la complexité des thèmes abordés nous a montré la nécessité de continuer à approfondir librement certaines questions doctrinales, morales, spirituelles et pastorales. La réflexion des pasteurs et des théologiens, si elle est fidèle à l'Église, si elle est honnête, réaliste et créative, nous aidera à trouver davantage de clarté. Les débats qui se déroulent dans les moyens de communication ou bien dans les publications et même entre les ministres de l'Église, vont d'un désir effréné de tout changer sans une réflexion suffisante ou sans fondement, à la prétention de tout résoudre en

---

1 IIIème Assemblée Générale Extraordinaire du Synode des Évêques, *Relatio Synodi*, 18 octobre 2014, n. 2.

2 XIVème Assemblée Générale Ordinaire du Synode des Évêques, *Relatio finalis*, 24 octobre 2015, n. 3.

appliquant des normes générales ou bien en tirant des conclusions excessives à partir de certaines réflexions théologiques.

3. En rappelant que « le temps est supérieur à l'espace », je voudrais réaffirmer que tous les débats doctrinaux, moraux ou pastoraux ne doivent pas être tranchés par des interventions magistérielles. Bien entendu, dans l'Église une unité de doctrine et de praxis est nécessaire, mais cela n'empêche pas que subsistent différentes interprétations de certains aspects de la doctrine ou certaines conclusions qui en dérivent. Il en sera ainsi jusqu'à ce que l'Esprit nous conduise à la vérité entière (cf. *Jn* 16,13), c'est-à-dire, lorsqu'il nous introduira parfaitement dans le mystère du Christ et que nous pourrons tout voir à travers son regard. En outre, dans chaque pays ou région, peuvent être cherchées des solutions plus inculturées, attentives aux traditions et aux défis locaux. Car « les cultures sont très diverses entre elles et chaque principe général [...] a besoin d'être inculturé, s'il veut être observé et appliqué[3] ».

---

3 *Discours à l'occasion de la conclusion de la XIV*ème *Assemblée Générale Ordinaire du Synode des Évêques* (24 octobre 2015), *L'Osservatore Romano*, éd. en langue française, 29 octobre 2015, pp. 8-9 ; cf. Commission Biblique Pontificale, *Foi et culture à la lumière de la Bible. Actes de la Session plénière 1979 de la Commission Biblique Pontificale*, Turin (1981); Conc. Œcuménique Vat. II, Const. past. *Gaudium et spes*, sur l'Église dans le monde de ce temps, n. 44; Jean-Paul II, Lettre enc. *Redemptoris missio* (7 décembre 1990), n. 52: *AAS* 83 (1991), p. 300; Exhort. Ap. *Evangelii gaudium* (24 novembre 2013), nn. 69.117 : *AAS* 105 (2013), pp. 1049.1068-69.

4. De toute manière, je dois dire que le parcours synodal a été d'une grande beauté et a offert beaucoup de lumière. Je remercie pour tous les apports qui m'ont aidé à contempler les problèmes des familles du monde dans toute leur ampleur. L'ensemble des interventions des Pères, que j'ai écouté avec une constante attention, m'a paru un magnifique polyèdre, constitué de nombreuses préoccupations légitimes ainsi que de questions honnêtes et sincères. Pour cela, j'ai retenu opportun de rédiger une Exhortation Apostolique post-synodale pour recueillir les apports des deux Synodes récents sur la famille, en intégrant d'autres considérations qui pourront orienter la réflexion, le dialogue ou bien la praxis pastorale, et qui offriront à la fois encouragement, stimulation et aide aux familles dans leur engagement ainsi que dans leurs difficultés.

5. Cette Exhortation acquiert un sens spécial dans le contexte de cette Année Jubilaire de la Miséricorde. En premier lieu, parce que je la considère comme une proposition aux familles chrétiennes, qui les stimule à valoriser les dons du mariage et de la famille, et à garder un amour fort et nourri de valeurs, telles que la générosité, l'engagement, la fidélité ou la patience. En second lieu, parce qu'elle vise à encourager chacun à être un signe de miséricorde et de proximité là où la vie familiale ne se réalise pas parfaitement ou ne se déroule pas dans la paix et la joie.

6. Dans le développement du texte, je commencerai par une ouverture inspirée par les Saintes Écritures, qui donne un ton approprié. De là, je prendrai en considération la situation actuelle des familles en vue de garder les pieds sur terre. Ensuite, je rappellerai certains éléments fondamentaux de l'enseignement de l'Église sur le mariage et la famille, pour élaborer ainsi les deux chapitres centraux, consacrés à l'amour. Pour continuer, je mettrai en exergue certains parcours pastoraux qui nous orientent pour la construction de foyers solides et féconds selon le plan de Dieu, et je consacrerai un chapitre à l'éducation des enfants. Après, je m'arrêterai sur une invitation à la miséricorde et au discernement pastoral face à des situations qui ne répondent pas pleinement à ce que le Seigneur nous propose, et enfin je tracerai de brèves lignes de spiritualité familiale.

7. Vu la richesse apportée au parcours synodal par les deux années de réflexion, cette Exhortation aborde, de différentes manières, des thèmes nombreux et variés. Cela explique son inévitable longueur. C'est pourquoi, je ne recommande pas une lecture générale hâtive. Elle sera plus bénéfique, tant pour les familles que pour les agents de pastorale familiale, s'ils l'approfondissent avec patience, morceau par morceau, ou s'ils cherchent en elle ce dont ils peuvent avoir besoin dans chaque circonstance concrète. Il est probable, par exemple, que les couples s'identifient plus avec les chapitres quatre et cinq, que les agents pastoraux soient intéressés surtout par le chapitre six, et que tous se sentent interpellés par le chapitre huit. J'espère que chacun, à travers la lecture, se sentira

appelé à prendre soin avec amour de la vie des familles, car elles « ne sont pas un problème, elles sont d'abord une opportunité[4] ».

4 *Discours à l'occasion de la rencontre avec les familles de Santiago de Cuba* (22 septembre 2015): *L'Osservatore Romano*, éd. en langue française, 24 septembre 2015, pp. 14-15.

Premier chapitre

À LA LUMIÈRE DE LA PAROLE

8. La Bible abonde en familles, en générations, en histoires d'amour et en crises familiales, depuis la première page où entre en scène la famille d'Adam et d'Ève, avec leur cortège de violence mais aussi avec la force de la vie qui continue (cf. *Gn* 4), jusqu'à la dernière page où apparaissent les noces de l'Épouse et de l'Agneau (*apr.* 21,2.9). Les deux maisons que Jésus décrit, construites sur le roc ou sur le sable (cf. *Mt* 7,24-27), sont une expression symbolique de bien des situations familiales, créées par la liberté de leurs membres, car, comme l'écrivait le poète : « Toute maison est un chandelier[5]. » Entrons à présent dans l'une de ces maisons, guidés par le psalmiste, à travers un chant qu'on proclame aujourd'hui encore aussi bien dans la liturgie nuptiale juive que dans la liturgie chrétienne :

« Heureux tous ceux qui craignent le Seigneur
et marchent dans ses voies !
Du labeur de tes mains tu te nourriras,
heureux es-tu ! À toi le bonheur pour toi !
Ton épouse : une vigne fructueuse
au cœur de ta maison.

---

5 Jorge Luis Borges, "Calle desconocida", dans *Fervor de Buenos Aires*, Buenos Aires 2011, p. 23.

Tes fils : des plants d'olivier
à l'entour de la table.
Voilà de quels biens sera béni
l'homme qui craint le Seigneur.
Que le Seigneur te bénisse de Sion !
Puisses-tu voir Jérusalem
dans le bonheur tous les jours de ta vie,
et voir les fils de tes fils !
Paix sur Israël ! » (*Ps* 128,1-6).

Toi et ton épouse

9. Franchissons donc le seuil de cette maison sereine, avec sa famille assise autour de la table de fête. Au centre, nous trouvons, en couple, le père et la mère, avec toute leur histoire d'amour. En eux se réalise ce dessein fondamental que le Christ même évoque avec force : « N'avez-vous pas lu que le Créateur, dès l'origine, les fit homme et femme ? » (*Mt* 19,4). Et il reprend le mandat de la Genèse : « C'est pourquoi l'homme quittera son père et sa mère et s'attache à sa femme, et ils deviennent une seule chair » (*Gn* 2,24).

10. Les deux grandioses premiers chapitres de la Genèse nous offrent l'image du couple humain dans sa réalité fondamentale. Dans ce texte initial de la Bible brillent certaines affirmations décisives. La première, citée de façon synthétique par Jésus, déclare : « Dieu créa l'homme à son image, à l'image de Dieu il le créa, homme et femme il les créa » (1, 27). De manière surprenante, l'''image de Dieu'' tient lieu de parallèle explicatif précisément au couple ''homme et femme''. Cela signifie-t-il que Dieu est

lui-même sexué ou qu'il a une compagne divine, comme le croyaient certaines religions antiques ? Évidemment non, car nous savons avec quelle clarté la Bible a rejeté comme idolâtres ces croyances répandues parmi les Cananéens de la Terre Sainte. La transcendance de Dieu est préservée, mais, puisqu'il est en même temps le Créateur, la fécondité du couple humain est l'"image" vivante et efficace, un signe visible de l'acteur créateur.

11. Le couple qui aime et procrée est la vraie "sculpture" vivante (non pas celle de pierre ou d'or que le Décalogue interdit), capable de manifester le Dieu créateur et sauveur. C'est pourquoi, l'amour fécond arrive à être le symbole des réalités intimes de Dieu (cf. *Gn* 1,28 ; 9,7 ; 17,2-5.1 ; 28,3 ; 35,11 ; 48,3-5). C'est ce qui justifie que le récit de la Genèse, en suivant ce qui est appelé la "tradition sacerdotale", soit traversé par diverses séquences généalogiques (cf. 4,17-22.25-26 ; 5 ; 10 ; 11, 10-32 ; 25, 1-4.12-17.19-26 ; 36) : car la capacité du couple humain à procréer est le chemin par lequel passe l'histoire du salut. Sous ce jour, la relation féconde du couple devient une image pour découvrir et décrire le mystère de Dieu, fondamental dans la vision chrétienne de La Trinité qui, en Dieu, contemple le Père, le Fils et l'Esprit d'amour. Le Dieu Trinité est communion d'amour, et la famille est son reflet vivant. Les paroles de saint Jean-Paul II nous éclairent : « Notre Dieu, dans son mystère le plus intime, n'est pas une solitude, mais une famille, puisqu'il porte en lui-même la paternité, la filiation et l'essence de la famille qu'est l'amour. Cet amour, dans la famille divine, est

l'Esprit-Saint[6] ». La famille, en effet, n'est pas étrangère à l'essence divine même[7]. Cet aspect trinitaire du couple trouve une nouvelle image dans la théologie paulinienne lorsque l'Apôtre la met en relation avec le "mystère" de l'union entre le Christ et l'Église (cf. *Ep* 5,21-33).

12. Mais Jésus, dans sa réflexion sur le mariage, nous renvoie à une autre page de la Genèse, le chapitre 2, où apparaît un admirable portrait du couple avec des détails lumineux. Choisissons-en seulement deux. Le premier est l'inquiétude de l'homme qui cherche « une aide qui lui soit assortie » (vv. 18.20), capable de combler cette solitude qui le perturbe et qui n'est pas comblée par la proximité des animaux et de toute la création. L'expression originelle en hébreu nous renvoie à une relation directe, presque "frontale" – les yeux dans les yeux – dans un dialogue également silencieux, car dans l'amour les silences sont d'habitude plus éloquents que les paroles. C'est la rencontre avec un visage, un "tu" qui reflète l'amour divin et est « le principe de la fortune, une aide semblable à l'homme, une colonne d'appui », comme dit un sage de la Bible (*Si* 36,24). Ou bien comme s'exclamera la femme du Cantique des Cantiques dans une merveilleuse profession d'amour et de don réciproque : « Mon bien-aimé est à moi, et moi à lui [...]. Je suis à mon bien-aimé, et mon bien-aimé est à moi ! » (2,16 ; 6,3).

---

6 *Homélie à l'occasion de l'Eucharistie célébrée à Puebla de los Ángeles* (28 janvier 1979) : *AAS* 71 (1979), p. 184.
7 Cf. *Ibid.*

13. De cette rencontre qui remédie à la solitude, surgissent la procréation et la famille. Voici le second détail que nous pouvons souligner : Adam, qui est aussi l'homme de tous les temps et de toutes les régions de notre planète, avec sa femme, donne naissance à une nouvelle famille, comme le répète Jésus en citant la Genèse : « Il quittera son père et sa mère pour s'attacher à sa femme, et les deux ne feront qu'une seule chair. » (*Mt* 19,5 ; cf. *Gn* 2,24). Le verbe "s'attacher" dans le texte original hébreu indique une étroite syntonie, un attachement physique et intérieur, à tel point qu'on l'utilise pour décrire l'union avec Dieu : « Mon âme s'attache à toi » chante l'orant (*Ps* 63,9). L'union matrimoniale est ainsi évoquée non seulement dans sa dimension sexuelle et corporelle mais aussi en tant que don volontaire d'amour. L'objectif de cette union est "de parvenir à être une seule chair", soit par l'étreinte physique, soit par l'union des cœurs et des vies et, peut-être, à travers l'enfant qui naîtra des deux et portera en lui, en unissant, non seulement génétiquement mais aussi spirituellement, les deux "chairs".

Tes fils comme des plants d'oliviers

14. Reprenons le chant du psalmiste. En ce chant apparaissent, dans la maison où l'homme et son épouse sont assis à table, les enfants qui les accompagnent comme « des plants d'olivier » (*Ps* 128,3), c'est-à-dire pleins d'énergie et de vitalité. Si les parents sont comme les fondements de la maison, les enfants sont comme les "pierres vivantes" de la famille (cf. *1P* 2,5). Il est

significatif que dans l'Ancien Testament le mot le plus utilisé après le mot divin (*YHWH*, le "Seigneur") soit "fils" (*ben*), un vocable renvoyant au verbe hébreu qui veut dire "construire" (*banah*). C'est pourquoi dans le Psaume 127, le don des fils est exalté par des images se référant soit à l'édification d'une maison, soit à la vie sociale et commerciale qui se développait aux portes de la ville : « Si le Seigneur ne bâtit la maison, en vain peinent les bâtisseurs [...]. C'est l'héritage du Seigneur que des fils, récompense, que le fruit des entrailles ; comme flèches en la main du héros, ainsi les fils de la jeunesse. Heureux l'homme, celui-là qui en a rempli son carquois ; point de honte pour eux, quand ils débattent à la porte, avec leurs ennemis. » (vv. 1.3-5). Certes, ces images reflètent la culture d'une société antique, mais la présence d'enfants est, de toute manière, un signe de plénitude de la famille, dans la continuité de la même histoire du salut, de génération en génération.

15. Sous ce jour, nous pouvons présenter une autre dimension de la famille. Nous savons que dans le Nouveau Testament on parle de "l'Église qui se réunit à la maison" (cf. 1 *Co* 16,19 ; *Rm* 16,5 ; *Col* 4,15 ; *Phm* 2). Le milieu vital d'une famille pouvait être transformé en Église domestique, en siège de l'Eucharistie, de la présence du Christ assis à la même table. La scène brossée dans l'Apocalypse est inoubliable : « Voici, je me tiens à la porte et je frappe ; si quelqu'un entend ma voix et ouvre la porte, j'entrerai chez lui pour souper, moi près de lui et lui près de moi » (*Ap* 3,20). Ainsi se définit une maison qui à l'intérieur jouit de la présence de Dieu, de la prière commune et, par

conséquent, de la bénédiction du Seigneur. C'est ce qui est affirmé dans le Psaume 128 que nous prenons comme base : « Voilà de quels biens sera béni l'homme qui craint le Seigneur. Que le Seigneur te bénisse de Sion ! » (vv. 4-5a).

16. La Bible considère la famille aussi comme le lieu de la catéchèse des enfants. Cela est illustré dans la description de la célébration pascale (cf. *Ex* 12,26-27 ; *Dt* 6,20-25), et a été ensuite explicité dans la *haggadah* juive, c'est-à-dire dans le récit sous forme de dialogue qui accompagne le rite du repas pascal. Mieux, un Psaume exalte l'annonce en famille de la foi : « Nous l'avons entendu et connu, nos pères nous l'ont raconté ; nous ne le tairons pas à leurs enfants, nous le raconterons à la génération qui vient : les titres du Seigneur et sa puissance, ses merveilles telles qu'il les fit ; il établit un témoignage en Jacob, il mit une loi en Israël ; il avait commandé à nos pères de le faire connaître à leurs enfants, que la génération qui vient le connaisse, les enfants qui viendront à naître. Qu'ils se lèvent, qu'ils racontent à leurs enfants. » (*Ps* 78,3-6) Par conséquent, la famille est le lieu où les parents deviennent les premiers maîtres de la foi pour leurs enfants. C'est une œuvre artisanale, personnalisée : « Lorsque ton fils te demandera demain [...] tu lui diras... » (*Ex* 13,14). Ainsi, les diverses générations chanteront au Seigneur, « jeunes hommes, aussi les vierges, les vieillards avec les enfants » (*Ps* 148,12).

17. Les parents ont le devoir d'accomplir avec sérieux leur mission éducative, comme l'enseignent souvent les sages de la Bible (cf. *Pr* 3,11-12 ; 6,20-22 ; 13,1 ; 22,15 ;

23,13-14; 29,17). Les enfants sont appelés à recueillir et à pratiquer le commandement: « Honore ton père et ta mère. » (*Ex* 20,12), dans lequel le verbe "honorer" indique l'accomplissement des engagements familiaux et sociaux dans leur plénitude, sans les négliger en recourant à des excuses religieuses (cf. *Mc* 7,11-13). De fait, « celui qui honore son père expie ses fautes, celui qui glorifie sa mère est comme quelqu'un qui amasse un trésor » (*Si* 3,3-4).

18. L'Évangile nous rappelle également que les enfants ne sont pas une propriété de la famille, mais qu'ils ont devant eux leur propre chemin de vie. S'il est vrai que Jésus se présente comme modèle d'obéissance à ses parents terrestres, en se soumettant à eux (cf. *Lc* 2,51), il est aussi vrai qu'il montre que le choix de vie en tant que fils et la vocation chrétienne personnelle elle-même peut exiger une séparation pour réaliser le don de soi au Royaume de Dieu (cf. *Mt* 10,34-37; *Lc* 9,59-62). Qui plus est, lui-même, à douze ans, répond à Marie et à Joseph qu'il a une autre mission plus importante à accomplir hors de sa famille historique (cf. *Lc* 2,48-50). Voilà pourquoi il exalte la nécessité d'autres liens très profonds également dans les relations familiales: « Ma mère et mes frères, ce sont ceux qui écoutent la parole de Dieu et la mettent en pratique » (*Lc* 8, 21). D'autre part, dans l'attention qu'il accorde aux enfants – considérés dans la société de l'antique Proche Orient comme des sujets sans droits particuliers, voire comme objets de possession familiale – Jésus va jusqu'à les présenter aux adultes presque comme des maîtres, pour leur confiance simple et spontanée face aux autres: « En vérité je vous le dis, si vous ne retournez à l'état des

enfants, vous n'entrerez pas dans le Royaume des Cieux. Qui donc se fera petit comme ce petit enfant-là, celui-là est le plus grand dans le Royaume des Cieux. » (*Mt* 18,3-4).

Un chemin de souffrance et de sang

19. L'idylle exprimée dans le Psaume 128 ne nie pas une réalité amère marquant toutes les Saintes Écritures. C'est la présence de la douleur, du mal, de la violence qui brise la vie de la famille et son intime communion de vie et d'amour. Ce n'est pas pour rien que l'enseignement du Christ sur le mariage (cf. *Mt* 19,3-9) est inséré dans une discussion sur le divorce. La Parole de Dieu est témoin constant de cette dimension obscure qui se manifeste déjà dès les débuts lorsque, par le péché, la relation d'amour et de pureté entre l'homme et la femme se transforme en une domination : « Ta convoitise te poussera vers ton mari et lui dominera sur toi. » (*Gn* 3,16).

20. C'est un chemin de souffrance et de sang qui traverse de nombreuses pages de la Bible, à partir de la violence fratricide de Caïn sur Abel et de divers conflits entre les enfants et entre les épouses des patriarches Abraham, Isaac et Jacob, arrivant ensuite aux tragédies qui souillent de sang la famille de David, jusqu'aux multiples difficultés familiales qui jalonnent le récit de Tobie ou l'amère confession de Job abandonné : « Mes frères, il les a écartés de moi, mes relations s'appliquent à m'éviter [...]. Mon haleine répugne à ma femme, ma puanteur à mes propres frères. » (*Jb* 19,13.17).

21. Jésus lui-même naît dans une famille modeste qui bientôt doit fuir vers une terre étrangère. Il entre dans la maison de Pierre où la belle-mère de celui-ci est malade (cf. *Mc* 1,30-31) ; il se laisse impliquer dans le drame de la mort dans la maison de Jaïre ou chez Lazare (cf. *Mc* 5,22-24.35-43 ; *Jn* 11,1-44) ; il écoute le cri désespéré de la veuve de Naïn face à son fils mort (cf. *Lc* 7,11-15) ; il écoute la clameur du père de l'épileptique dans un petit village, en campagne (cf. *Mc* 9,17-27). Il rencontre des publicains comme Matthieu ou Zachée dans leurs propres maisons (cf. *Mt* 9,9-13) ; (cf. *Lc* 19, 1-10), ainsi que des pécheresses comme la femme qui a fait irruption dans la maison du pharisien (cf. *Lc* 7,36-50). Il connaît les angoisses et les tensions des familles qu'il introduit dans ses paraboles : des enfants qui abandonnent leurs maisons pour tenter une aventure (cf. *Lc* 15,11-32) jusqu'aux enfants difficiles, aux comportements inexplicables (cf. *Mt* 21,28-31) ou victimes de la violence (cf. *Mc* 12,1-9). Et il s'intéresse même aux noces qui courent le risque d'être honteuses par manque de vin (cf. *Jn* 2,1-10) ou par l'absence des invités (cf. *Mt* 22,1-10), tout comme il connaît le cauchemar à cause de la perte d'une pièce d'argent dans une famille (cf. *Lc* 15,8-10).

22. Dans ce bref aperçu, nous pouvons constater que la Parole de Dieu ne se révèle pas comme une séquence de thèses abstraites, mais comme une compagne de voyage, y compris pour les familles qui sont en crise ou sont confrontées à une souffrance ou à une autre, et leur montre le but du chemin, lorsque Dieu « essuiera toute

larme de leurs yeux : de mort, il n'y en aura plus ; de pleur, de cri et de peine » (*Ap* 21,4).

Le labeur de tes mains

23. Au commencement du Psaume 128, le père est présenté comme un travailleur, qui par l'œuvre de ses mains peut assurer le bien-être physique et la sérénité de sa famille : « Du labeur de tes mains tu te nourriras, heureux es-tu ! À toi le bonheur ! » (cf. n.8) (v. 2). Que le travail soit une partie fondamentale de la dignité de la vie humaine se déduit des premières pages de la Bible, lorsqu'il est déclaré que « l'homme a été établi dans le jardin d'Eden pour le cultiver et le garder » (*Gn* 2,15). C'est l'image du travailleur qui transforme la matière et tire profit des énergies de la création, produisant « le pain des douleurs » (*Ps* 127,2), tout en se cultivant lui-même.

24. Le travail permet à la fois le développement de la société, l'entretien de la famille ainsi que sa stabilité et sa fécondité : « Puisses-tu voir Jérusalem dans le bonheur tous les jours de ta vie, et voir les fils de tes fils ! » (*Ps* 128,5-6). Dans le livre des Proverbes, est également présentée la tâche de la mère de famille, dont le travail est décrit dans ses détails quotidiens, suscitant l'éloge de l'époux et des enfants (cf. 31,10-31). L'apôtre Paul lui-même se montre fier d'avoir vécu sans être un poids pour les autres, car il a travaillé de ses propres mains et a pourvu ainsi à sa subsistance (cf. *Ac* 18,3 ; *1 Co* 4,12 ; 9,12). Il était si convaincu de la nécessité du travail qu'il a établi

comme loi d'airain pour ses communautés : « Si quelqu'un ne veut pas travailler, qu'il ne mange pas non plus. » (*2 Th* 3,10 ; cf. *1 Th* 4,11).

25. Cela étant dit, on comprend que le chômage et la précarité du travail deviennent une souffrance, comme c'est le cas dans le livre de Ruth et comme le rappelle Jésus dans la parabole des travailleurs assis, dans une oisiveté forcée, sur la place publique (cf. *Mt* 20,1-16), ou comme il l'expérimente dans le fait même d'être souvent entouré de nécessiteux et d'affamés. C'est ce que la société vit tragiquement dans beaucoup de pays, et ce manque de sources de travail affecte de diverses manières la sérénité des familles.

26. Nous ne pouvons pas non plus oublier la dégénération que le péché introduit dans la société, lorsque l'être humain se comporte comme tyran face à la nature, en la détruisant, en l'utilisant de manière égoïste, voire brutale. Les conséquences sont à la fois la désertification du sol (cf. *Gn* 3,17-19) et les déséquilibres économiques ainsi que sociaux, contre lesquels s'élève clairement la voix des prophètes, depuis Élie (cf. *1R* 21) jusqu'aux paroles que Jésus lui-même prononce contre l'injustice (cf. *Lc* 12,13-21 ; 16,1-31).

La tendresse de l'accolade

27. Le Christ a introduit par-dessus tout comme signe distinctif de ses disciples la loi de l'amour et du don

de soi aux autres (cf. *Mt* 22,39 ; *Jn* 13,34), et il l'a fait à travers un principe dont un père ou une mère témoignent habituellement par leur propre existence : « Nul n'a plus grand amour que celui-ci : donner sa vie pour ses amis. » (*Jn* 15,13). La miséricorde et le pardon sont aussi fruit de l'amour. À cet égard, est emblématique la scène qui montre une femme adultère sur l'esplanade du temple de Jérusalem, entourée de ses accusateurs, et ensuite seule avec Jésus qui ne la condamne pas mais l'invite à une vie plus digne (cf. *Jn* 8,1-11).

28. Dans la perspective de l'amour, central dans l'expérience chrétienne du mariage et de la famille, une autre vertu se démarque également, quelque peu ignorée en ces temps de relations frénétiques et superficielles : la tendresse. Recourons au doux et savoureux Psaume 131. Comme on le constate aussi dans d'autres textes (cf. *Ex* 4,22 ; *Is* 49,15 ; *Ps* 27,10), l'union entre le fidèle et son Seigneur est exprimée par des traits de l'amour paternel ou maternel. Ici apparaît la délicate et tendre intimité qui existe entre la mère et son enfant, un nouveau-né qui dort dans les bras de sa mère après avoir été allaité. Il s'agit – comme l'exprime le mot hébreu *gamûl* – d'un enfant déjà sevré, s'accrochant consciemment à sa mère qui le porte dans ses bras. C'est donc une intimité consciente et non purement biologique. Voilà pourquoi le psalmiste chante : « Je tiens mon âme en paix et silence ; comme un petit enfant contre sa mère. » (*Ps* 131,2). Parallèlement, nous pouvons recourir à une autre scène, où le prophète Osée met dans la bouche de Dieu comme père ces paroles émouvantes : « Quand Israël était jeune, je l'aimai [...]. Je lui avais appris à marcher, je

le prenais par les bras [...]. Je le menais avec des attaches humaines, avec des liens d'amour; j'étais pour lui comme ceux qui soulèvent un nourrisson tout contre leur joue, je m'inclinais vers lui et le faisais manger. » (*Os* 11,1.3-4).

29. Par ce regard, fait de foi et d'amour, de grâce et d'engagement, de famille humaine et de Trinité divine, nous contemplons la famille que la Parole de Dieu remet entre les mains de l'homme, de la femme et des enfants pour qu'ils forment une communion de personnes, qui soit image de l'union entre le Père, le Fils et l'Esprit Saint. L'activité procréative et éducative est, en retour, un reflet de l'œuvre du Père. La famille est appelée à partager la prière quotidienne, la lecture de la Parole de Dieu et la communion eucharistique pour faire grandir l'amour et devenir toujours davantage un temple de l'Esprit.

30. À chaque famille est présentée l'icône de la famille de Nazareth, avec sa vie quotidienne faite de fatigues, voire de cauchemars, comme lorsqu'elle a dû subir l'incompréhensible violence d'Hérode, expérience qui se répète tragiquement aujourd'hui encore dans de nombreuses familles de réfugiés rejetés et sans défense. Comme les mages, les familles sont invitées à contempler l'Enfant et la Mère, à se prosterner et à l'adorer (cf. *Mt* 2,11). Comme Marie, elles sont exhortées à vivre avec courage et sérénité leurs défis familiaux, tristes et enthousiasmants, et à protéger comme à méditer dans leur cœur les merveilles de Dieu (cf. *Lc* 2,19.51). Dans le trésor du cœur de Marie, il y a également tous les

événements de chacune de nos familles, qu'elle garde soigneusement. Voilà pourquoi elle peut nous aider à les interpréter pour reconnaître le message de Dieu dans l'histoire familiale.

Deuxième chapitre

LA RÉALITÉ ET LES DÉFIS DE LA FAMILLE

31. Le bien de la famille est déterminant pour l'avenir du monde et de l'Église. Les analyses qui ont été faites sur le mariage et la famille, sur leurs difficultés et sur leurs défis actuels sont innombrables. Il convient de prêter attention à la réalité concrète, parce que « les exigences, les appels de l'Esprit se font entendre aussi à travers les événements de l'histoire », à travers lesquels « l'Église peut être amenée à une compréhension plus profonde de l'inépuisable mystère du mariage et de la famille[8] ». Je ne prétends pas présenter ici tout ce qui pourrait être dit sur les divers thèmes liés à la famille dans le contexte actuel. Mais, étant donné que les Pères synodaux ont présenté un panorama de la réalité des familles dans le monde entier, je juge opportun de reprendre quelques-uns de ces apports pastoraux, en ajoutant d'autres préoccupations qui proviennent de mon regard personnel.

---

8 Jean-Paul II, Exhort. ap. *Familiaris consortio* (22 novembre 1981), n. 4 : *AAS* 74 (1982), p. 84.

La situation actuelle de la famille

32. « Fidèles à l'enseignement du Christ, nous regardons la réalité de la famille aujourd'hui dans toute sa complexité, avec ses lumières et ses ombres [...]. Le changement anthropologique et culturel influence aujourd'hui tous les aspects de la vie et requiert une approche analytique et diversifiée[9] ». Dans le contexte d'il y a plusieurs décennies, les Évêques d'Espagne reconnaissaient déjà une réalité de la famille pourvue de plus de marge de liberté, « avec une répartition équitable de charges, de responsabilité et de taches [...]. En valorisant davantage la communication personnelle entre les époux, on contribue à humaniser toute la cohabitation familiale [...]. Ni la société dans laquelle nous vivons, ni celle vers laquelle nous cheminons ne permettent la pérennisation sans discernement de formes et de modèles du passé[10] ». Mais « nous sommes conscients de l'orientation principale des changements anthropologiques et culturels, en raison desquels les individus sont moins soutenus que par le passé par les structures sociales dans leur vie affective et familiale[11] ».

33. D'autre part, « il faut également considérer le danger croissant que représente un individualisme exacerbé qui dénature les liens familiaux et qui finit par considérer chaque membre de la famille comme une île,

---

9 *Relatio Synodi 2014*, n. 5.

10 Conférence Épiscopale Espagnole, *Matrimonio y familia*, (Madrid, 6 juillet 1979), nn. 3.16.23.

11 *Relatio finalis 2015*, n. 5.

en faisant prévaloir, dans certains cas, l'idée d'un sujet qui se construit selon ses propres désirs élevés au rang d'absolu[12] ». « Les tensions induites par une culture individualiste exacerbée, culture de la possession et de la jouissance, engendrent au sein des familles des dynamiques de souffrance et d'agressivité[13] ». Je voudrais ajouter le rythme de vie actuel, le stress, l'organisation sociale et l'organisation du travail, parce qu'ils sont des facteurs culturels qui font peser des risques sur la possibilité de choix permanents. En même temps, nous nous trouvons face à des phénomènes ambigus. Par exemple, on apprécie une personnalisation qui parie sur l'authenticité, au lieu de reproduire des comportements habituels. C'est une valeur qui peut promouvoir les différentes facultés et la spontanéité ; mais, mal orientée, elle peut créer des attitudes de suspicion permanente, de fuite des engagements, d'enfermement dans le confort, d'arrogance. La liberté de choisir permet de projeter sa vie et de cultiver le meilleur de soi-même, mais si elle n'a pas de nobles objectifs ni de discipline personnelle, elle dégénère en une incapacité à se donner généreusement. De fait, dans beaucoup de pays où le nombre de mariages diminue, le nombre de personnes qui décident de vivre seules ou qui ont une vie commune sans cohabiter, augmente. Nous pouvons aussi souligner l'admirable sens de la justice ; mais, mal compris, il transforme les citoyens en clients qui exigent seulement que des services soient assurés.

---

12 *Relatio Synodi 2014,* n. 5.

13 *Relatio finalis 2015,* n. 8

34. Si ces risques en viennent à affecter la conception de la famille, celle-ci peut se transformer en un lieu de passage, auquel on a recours quand cela semble convenir, ou bien où l'on va réclamer des droits, alors que les liens sont livrés à la précarité changeante des désirs et des circonstances. Au fond, il est facile aujourd'hui de confondre la liberté authentique avec l'idée selon laquelle chacun juge comme bon lui semble ; comme si, au-delà des individus il n'y avait pas de vérité, de valeurs ni de principes qui nous orientent, comme si tout était égal, et que n'importe quoi devait être permis. Dans ce contexte, l'idéal du mariage, avec son engagement d'exclusivité et de stabilité, finit par être laminé par des convenances circonstancielles ou par des caprices de la sensibilité. On craint la solitude, on désire un milieu de protection et de fidélité, mais en même temps grandit la crainte d'être piégé dans une relation qui peut retarder la réalisation des aspirations personnelles.

35. En tant que chrétiens nous ne pouvons pas renoncer à proposer le mariage pour ne pas contredire la sensibilité actuelle, pour être à la mode, ou par complexe d'infériorité devant l'effondrement moral et humain. Nous priverions le monde des valeurs que nous pouvons et devons apporter. Certes, rester dans une dénonciation rhétorique des maux actuels, comme si nous pouvions ainsi changer quelque chose, n'a pas de sens. Mais il ne sert à rien non plus d'imposer des normes par la force de l'autorité. Nous devons faire un effort plus responsable et généreux, qui consiste à présenter les raisons et les motivations d'opter pour le mariage et la famille, de manière à ce que les

personnes soient mieux disposées à répondre à la grâce que Dieu leur offre.

36. En même temps, nous devons être humbles et réalistes, pour reconnaître que, parfois, notre manière de présenter les convictions chrétiennes, et la manière de traiter les personnes ont contribué à provoquer ce dont nous nous plaignons aujourd'hui. C'est pourquoi il nous faut une salutaire réaction d'autocritique. D'autre part, nous avons souvent présenté le mariage de telle manière que sa fin unitive, l'appel à grandir dans l'amour et l'idéal de soutien mutuel ont été occultés par un accent quasi exclusif sur le devoir de la procréation. Nous n'avons pas non plus bien accompagné les nouveaux mariages dans leurs premières années, avec des propositions adaptées à leurs horaires, à leurs langages, à leurs inquiétudes les plus concrètes. D'autres fois, nous avons présenté un idéal théologique du mariage trop abstrait, presque artificiellement construit, loin de la situation concrète et des possibilités effectives des familles réelles. Cette idéalisation excessive, surtout quand nous n'avons pas éveillé la confiance en la grâce, n'a pas rendu le mariage plus désirable et attractif, bien au contraire !

37. Pendant longtemps, nous avons cru qu'en insistant seulement sur des questions doctrinales, bioéthiques et morales, sans encourager l'ouverture à la grâce, nous soutenions déjà suffisamment les familles, consolidions le lien des époux et donnions un sens à leur vie commune. Nous avons du mal à présenter le mariage davantage comme un parcours dynamique de développement et d'épan-

ouissement, que comme un poids à supporter toute la vie. Il nous coûte aussi de laisser de la place à la conscience des fidèles qui souvent répondent de leur mieux à l'Évangile avec leurs limites et peuvent exercer leur propre discernement dans des situations où tous les schémas sont battus en brèche. Nous sommes appelés à former les consciences, mais non à prétendre nous substituer à elles.

38. Nous devons nous féliciter du fait que la plupart des gens valorisent les relations familiales qui aspirent à durer dans le temps et qui assurent le respect de l'autre. C'est pourquoi on apprécie que l'Église offre des espaces d'accompagnement et d'assistance pour les questions liées à la croissance de l'amour, la résolution des conflits ou l'éducation des enfants. Beaucoup apprécient la force de la grâce qu'ils expérimentent dans la Réconciliation sacramentelle et dans l'Eucharistie, qui leur permet de relever les défis du mariage et de la famille. Dans certains pays, spécialement en différentes parties de l'Afrique, la sécularisation n'a pas réussi à affaiblir certaines valeurs traditionnelles, et dans chaque mariage, se réalise une forte union entre deux familles élargies, où l'on garde encore un système bien défini de gestion des conflits et des difficultés. Dans le monde actuel, on apprécie également le témoignage des mariages qui, non seulement ont perduré dans le temps, mais qui continuent aussi à soutenir un projet commun et conservent l'amour. Cela ouvre la porte à une pastorale positive, accueillante, qui rend possible un approfondissement progressif des exigences de l'Évangile. Cependant, nous avons souvent été sur la défensive, et nous dépensons les énergies pastorales en

multipliant les attaques contre le monde décadent, avec peu de capacités dynamiques pour montrer des chemins de bonheur. Beaucoup ne sentent pas que le message de l'Église sur le mariage et la famille est un reflet clair de la prédication et des attitudes de Jésus, qui, en même temps qu'il proposait un idéal exigeant, ne renonçait jamais à une proximité compatissante avec les personnes fragiles, comme la samaritaine ou la femme adultère.

39. Cela ne signifie pas qu'il faut cesser de prendre en compte la décadence culturelle qui ne promeut pas l'amour et le don de soi. Les consultations préalables aux deux derniers Synodes ont mis en lumière divers symptômes de la "culture du provisoire". Je fais référence, par exemple, à la rapidité avec laquelle les personnes passent d'une relation affective à une autre. Elles croient que l'amour, comme dans les réseaux sociaux, peut se connecter et se déconnecter au gré du consommateur, y compris se bloquer rapidement. Je pense aussi à la peur qu'éveille la perspective d'un engagement stable, à l'obsession du temps libre, aux relations qui calculent les coûts et les bénéfices, et qui se maintiennent seulement si elles sont un moyen de remédier à la solitude, d'avoir une protection, ou de bénéficier de quelque service. Ce qui arrive avec les objets et l'environnement se transfère sur les relations affectives : tout est jetable, chacun utilise et jette, paie et détruit, exploite et presse, tant que cela sert. Ensuite adieu ! Le narcissisme rend les personnes incapables de regarder au-delà d'elles-mêmes, de leurs désirs et de leurs besoins. Mais celui qui utilise les autres finit tôt ou tard par être utilisé, manipulé et abandonné avec la même logique.

Il est significatif que les ruptures aient lieu souvent entre des personnes âgées qui cherchent une espèce d'"autonomie", et rejettent l'idéal de vieillir ensemble en prenant soin l'un de l'autre et en se soutenant.

40. « Au risque de simplifier à l'extrême, nous pourrions dire que nous vivons dans une culture qui pousse les jeunes à ne pas fonder une famille, parce qu'il n'y a pas de perspectives d'avenir. Par ailleurs la même culture offre à d'autres tant d'options qu'ils sont aussi dissuadés de créer une famille[14]. » Dans certains pays, de nombreux jeunes « sont souvent induits à repousser leur mariage pour des problèmes économiques, de travail ou d'études. Parfois aussi pour d'autres raisons, comme l'influence des idéologies qui dévaluent le mariage et la famille, l'expérience de l'échec d'autres couples qu'ils ne veulent pas risquer de vivre à leur tour, la peur de quelque chose qu'ils considèrent comme trop grand et trop sacré, les opportunités sociales et les avantages économiques qui découlent de la simple cohabitation, une conception purement émotionnelle et romantique de l'amour, la peur de perdre leur liberté et leur autonomie, le refus de quelque chose qui est conçu comme institutionnel et bureaucratique[15] ». Nous devons trouver les mots, les motivations et les témoins qui nous aident à toucher les fibres les plus profondes des jeunes, là où ils sont le plus capables de générosité, d'engagement, d'amour et même d'héroïsme, pour les inviter à accepter avec enthousiasme et courage le défi du mariage.

---

14 *Discours au Congrès des États-Unis d'Amérique* (24 septembre 2015): *L'Osservatore Romano*, éd. en langue française, 1er octobre 2015, p. 12.
15 *Relatio finalis 2015*, n. 29.

41. Les Pères synodaux ont fait allusion aux actuelles « tendances culturelles qui semblent imposer une affectivité sans limites [...] une affectivité narcissique, instable et changeante qui n'aide pas toujours les sujets à atteindre une plus grande maturité » Ils se sont déclarés préoccupés par « une certaine diffusion de la pornographie et de la commercialisation du corps [...], favorisée aussi par un usage incorrect d'internet » et « par la situation des personnes qui sont obligées de s'adonner à la prostitution ». Dans ce contexte, « les couples sont parfois incertains, hésitants et peinent à trouver les moyens de mûrir. Beaucoup sont ceux qui tendent à rester aux stades primaires de la vie émotionnelle et sexuelle. La crise du couple déstabilise la famille et peut provoquer, à travers les séparations et les divorces, de sérieuses conséquences sur les adultes, sur les enfants et sur la société, en affaiblissant l'individu et les liens sociaux[16] ». Les crises du mariage sont « affrontées souvent de façon expéditive, sans avoir le courage de la patience, de la remise en question, du pardon mutuel, de la réconciliation et même du sacrifice. Ces échecs sont ainsi à l'origine de nouvelles relations, de nouveaux couples, de nouvelles unions et de nouveaux mariages, qui créent des situations familiales complexes et problématiques quant au choix de la vie chrétienne[17] ».

42. « Le déclin démographique, dû à une mentalité antinataliste et encouragé par les politiques mondiales en matière de santé reproductive, entraîne non seulement une

---

16 *Relatio Synodi 2014*, n. 10.

17 IIIème Assemblée Générale Extraordinaire du Synode des Évêques, *Message*, 18 octobre 2014.

situation où le renouvellement des générations n'est plus assuré, mais risque de conduire à terme à un appauvrissement économique et à une perte d'espérance en l'avenir. Le développement des biotechnologies a eu lui aussi un fort impact sur la natalité[18] ». D'autres facteurs peuvent s'y ajouter comme « l'industrialisation, la révolution sexuelle, la crainte de la surpopulation, des problèmes économiques [...]. La société de consommation peut aussi dissuader les personnes d'avoir des enfants, simplement pour préserver leur liberté et leur mode de vie[19] ». Il est vrai que la conscience droite des époux, quand ils ont été très généreux dans la communication de la vie, peut les orienter vers la décision de limiter le nombre d'enfants pour des raisons assez sérieuses ; mais aussi, « par amour de cette dignité de la conscience, l'Église rejette de toutes ses forces les interventions coercitives de l'État en faveur de la contraception, de la stérilisation ou même de l'avortement[20] ». Ces mesures sont inacceptables y compris dans des lieux à taux de natalité élevé ; mais il faut noter que les hommes politiques les encouragent aussi dans certains pays qui souffrent du drame d'un taux de natalité très bas. Comme l'ont indiqué les Évêques de Corée, c'est « agir de manière contradictoire en négligeant son propre devoir[21] ».

18 *Relatio Synodi 2014,* n. 10.

19 *Relatio finalis 2015,* n. 7.

20 *Ibid.*, n. 63.

21 Conférence des Évêques Catholiques de Corée, *Towards a culture of life!* (15 mars 2007).

43. L'affaiblissement de la foi et de la pratique religieuse dans certaines sociétés affecte les familles et les laisse davantage seules avec leurs difficultés. Les Pères ont affirmé qu'« une des plus grandes pauvretés de la culture actuelle est la solitude, fruit de l'absence de Dieu dans la vie des personnes et de la fragilité des relations. Il existe aussi une sensation générale d'impuissance vis-à-vis de la situation socio-économique qui finit souvent par écraser les familles [...]. Souvent les familles se sentent abandonnées à cause du désintéressement et de la faible attention que leur accordent les institutions. Les conséquences négatives du point de vue de l'organisation sociale sont évidentes : de la crise démographique aux problèmes éducatifs, de la difficulté d'accueillir la vie naissante à l'impression de fardeau que représente la présence des personnes âgées, jusqu'au malaise affectif diffus qui aboutit parfois à la violence. L'État a la responsabilité de créer les conditions législatives et d'emploi pour garantir l'avenir des jeunes et les aider à réaliser leur projet de fonder une famille[22] ».

44. Le manque d'un logement digne ou adéquat conduit souvent à retarder la formalisation d'une relation. Il faut rappeler que « la famille a droit à un logement décent, adapté à la vie familiale et proportionné au nombre de ses membres, dans un environnement assurant les services de base nécessaires à la vie de la famille et de la collectivité[23] ». Une famille et une maison sont deux choses qui vont de pair. Cet exemple montre que nous devons insister sur les droits

22 *Relatio Synodi 2014*, n. 6.

23 Conseil Pontifical pour la Famille, *Charte des droits de la famille* (22 octobre 1983), n. 11.

de la famille, et pas seulement sur les droits individuels. La famille est un bien dont la société ne peut pas se passer, mais elle a besoin d'être protégée[24]. La défense de ces droits est « un appel prophétique en faveur de l'institution familiale qui doit être respectée et défendue contre toute atteinte[25] », surtout dans le contexte actuel où elle occupe généralement peu de place dans les projets politiques. Les familles ont, parmi d'autres droits, celui de « pouvoir compter sur une politique familiale adéquate de la part des pouvoirs publics dans les domaines juridique, économique, social et fiscal[26] ». Parfois les angoisses des familles sont dramatiques quand, face à la maladie d'un être cher, elles n'ont pas accès aux services de santé adéquats, ou quand le temps passé sans trouver un emploi digne se prolonge. « Les contraintes économiques excluent l'accès des familles à l'éducation, à la vie culturelle et à la vie sociale active. Le système économique actuel produit diverses formes d'exclusion sociale. Les familles souffrent en particulier des problèmes liés au travail. Les possibilités pour les jeunes sont peu nombreuses et l'offre de travail est très sélective et précaire. Les journées de travail sont longues et souvent alourdies par de longs temps de trajet. Ceci n'aide pas les membres de la famille à se retrouver entre eux et avec leurs enfants, de façon à alimenter quotidiennement leurs relations[27]. »

---

24 Cf. *Relatio finalis 2015*, nn. 11-12.

25 Conseil Pontifical pour la Famille, *Charte des droits de la famille* (22 octobre 1983), Intr.

26 *Ibid*, n. 9.

27 *Relatio finalis 2015*, n. 14.

45. « De nombreux enfants naissent en dehors du mariage, en particulier dans certains pays, et nombreux sont ceux qui grandissent ensuite avec un seul parent ou dans un contexte familial élargi ou reconstitué [...]. L'exploitation sexuelle de l'enfance constitue, par ailleurs, une des réalités les plus scandaleuses et les plus perverses de la société actuelle. Les sociétés traversées par la violence à cause de la guerre, du terrorisme ou de la présence de la criminalité organisée, connaissent, elles aussi, des situations familiales détériorées, surtout dans les grandes métropoles et dans leurs banlieues où le phénomène dit des enfants des rues s'accroît[28]. » L'abus sexuel des enfants devient encore plus scandaleux quand il se produit dans des lieux où ils doivent être protégés, en particulier en famille, à l'école et dans les communautés et institutions chrétiennes[29].

46. « Les migrations représentent un autre signe des temps, qu'il faut affronter et comprendre, avec tout leur poids de conséquences sur la vie familiale[30]. » Le dernier Synode a accordé une grande importance à cette problématique, en soulignant que « cela touche, avec des modalités différentes, des populations entières dans diverses parties du monde. L'Église a exercé un rôle de premier plan dans ce domaine. La nécessité de maintenir et de développer ce témoignage évangélique (cf. *Mt* 25,35) apparaît aujourd'hui plus que jamais urgente [...]. La mobilité humaine, qui correspond au mouvement naturel historique des peuples,

---

28 *Relatio Synodi 2014*, n. 8.

29 Cf. *Relatio finalis 2015*, n. 78.

30 *Relatio Synodi 2014*, n. 8

peut se révéler être une richesse authentique, tant pour la famille qui émigre que pour le pays qui l'accueille. Mais la migration forcée des familles est une chose différente, quand elle résulte de situations de guerre, de persécution, de pauvreté, d'injustice, marquée par les aléas d'un voyage qui met souvent en danger la vie, traumatise les personnes et déstabilise les familles. L'accompagnement des migrants exige une pastorale spécifique pour les familles en migration, mais aussi pour les membres du foyer familial qui sont demeurés sur leurs lieux d'origine. Cela doit se faire dans le respect de leurs cultures, de la formation religieuse et humaine d'où ils proviennent, de la richesse spirituelle de leurs rites et de leurs traditions, notamment par le biais d'une pastorale spécifique [...]. Les migrations apparaissent particulièrement dramatiques et dévastatrices pour les familles et pour les individus quand elles ont lieu en dehors de la légalité et qu'elles sont soutenues par des circuits internationaux de traite des êtres humains. On peut en dire autant en ce qui concerne les femmes ou les enfants non accompagnés, contraints à des séjours prolongés dans des lieux de passage, dans des camps de réfugiés, où il est impossible d'entreprendre un parcours d'intégration. La pauvreté extrême, et d'autres situations de désagrégation, conduisent même parfois les familles à vendre leurs propres enfants à des réseaux de prostitution ou de trafic d'organes[31] ». « Les persécutions des chrétiens, comme celles de minorités ethniques et religieuses dans diverses parties du monde, spécialement

---

31 *Relatio finalis 2015*, n. 23; cf. *Message pour la Journée mondiale du migrant et du réfugié 2016* (12 septembre 2015) : *L'Osservatore Romano*, éd. en langue française, 8 octobre 2015, p. 19.

au Moyen-Orient, constituent une grande épreuve, non seulement pour l'Église, mais aussi pour la communauté internationale tout entière. Tout effort doit être soutenu pour faire en sorte que les familles et les communautés chrétiennes puissent rester sur leurs terres d'origine[32]. »

47. Les Pères ont aussi prêté une attention particulière « aux familles des personnes frappées par un handicap qui surgit dans la vie, qui engendre un défi, profond et inattendu, et bouleverse les équilibres, les désirs et les attentes [...]. Les familles qui acceptent avec amour l'épreuve difficile d'un enfant handicapé méritent une grande admiration. Elles donnent à l'Église et à la société un témoignage précieux de fidélité au don de la vie. La famille pourra découvrir, avec la communauté chrétienne, de nouveaux gestes et langages, de nouvelles formes de compréhension et d'identité, dans un cheminement d'accueil et d'attention au mystère de la fragilité. Les personnes porteuses de handicap constituent pour la famille un don et une opportunité pour grandir dans l'amour, dans l'aide réciproque et dans l'unité [...]. La famille qui accepte, avec un regard de foi, la présence de personnes porteuses de handicap pourra reconnaître et garantir la qualité et la valeur de toute vie, avec ses besoins, ses droits et ses opportunités. Elle sollicitera des services et des soins et favorisera une présence affectueuse dans toutes les phases de la vie[33] ». Je veux souligner que l'attention accordée, tant aux migrants

32 *Ibid.*, n. 24.
33 *Ibid.*, n. 21.

qu'aux personnes diversement aptes, est un signe de l'Esprit. Car, les deux situations sont paradigmatiques : elles mettent spécialement en évidence la manière dont on vit aujourd'hui la logique de l'accueil miséricordieux et de l'intégration des personnes fragiles.

48. « La plupart des familles respectent les personnes âgées, elles les entourent d'affection et les considèrent comme une bénédiction. Ce que font les associations et les mouvements familiaux qui œuvrent en faveur des personnes âgées est particulièrement appréciable, aussi bien du point de vue spirituel que social [...]. Dans les sociétés hautement industrialisées, où leur nombre tend à augmenter alors que la natalité décroît, elles risquent d'être perçues comme un poids. D'autre part, les soins qu'elles requièrent mettent souvent leurs proches à dure épreuve[34]. » « Valoriser la dernière phase de la vie est aujourd'hui d'autant plus nécessaire qu'on tente le plus possible de refouler par tous les moyens le moment du trépas. La fragilité et la dépendance de la personne âgée sont parfois exploitées de façon inique pour de purs avantages économiques. De nombreuses familles nous enseignent qu'il est possible d'affronter les dernières étapes de la vie en mettant en valeur le sens de l'accomplissement et de l'intégration de l'existence tout entière dans le mystère pascal. Un grand nombre de personnes âgées est accueilli dans des structures ecclésiales où elles peuvent vivre dans un milieu serein et familial sur le plan matériel et spirituel. L'euthanasie et le suicide assisté

---

34 *Ibid.*, n. 17.

constituent de graves menaces pour les familles dans le monde entier. Leur pratique est devenue légale dans de nombreux États. L'Église, tout en s'opposant fermement à ces pratiques, ressent le devoir d'aider les familles qui prennent soin de leurs membres âgés et malades[35]. »

49. Je veux souligner la situation des familles submergées par la misère, touchées de multiples manières, où les contraintes de la vie sont vécues de manière déchirante. Si tout le monde a des difficultés, elles deviennent plus dures dans une famille très pauvre[36]. Par exemple, si une femme doit élever seule son enfant, à cause d'une séparation – ou pour d'autres raisons – et doit travailler sans avoir la possibilité de le confier à une autre personne, il grandit dans un abandon qui l'expose à tout type de risques, et sa maturation personnelle s'en trouve compromise. Dans les situations difficiles que vivent les personnes qui sont le plus dans le besoin, l'Église doit surtout avoir à cœur de les comprendre, de les consoler, de les intégrer, en évitant de leur imposer une série de normes, comme si celles-ci étaient un roc, avec pour effet qu'elles se sentent jugées et abandonnées précisément par cette Mère qui est appelée à les entourer de la miséricorde de Dieu. Ainsi, au lieu de leur offrir la force régénératrice de la grâce et la lumière de l'Évangile, certains veulent en faire une doctrine, le transformer en « pierres mortes à lancer contre les autres[37] ».

---

35 *Ibid.*, n. 20.

36 *Ibid.*, n. 15.

37 *Discours de clôture de la 14ème Assemblée Générale ordinaire du synode des Évêques* (24 octobre 2015) : *L'Osservatore Romano*, éd. en langue française,

Quelques défis

50. Les réponses reçues aux deux questionnaires qui ont été envoyés pendant le parcours synodal, ont mentionné les situations très diverses qui présentent de nouveaux défis. En plus de celles déjà indiquées, beaucoup ont concerné la fonction éducative, rendue difficile parce que les parents arrivent à la maison fatigués et sans envie de parler ; dans de nombreuses familles, il n'y a même plus l'habitude de manger ensemble, et une grande variété d'offres de distractions abonde, en plus de l'addiction à la télévision. Cela rend difficile la transmission de la foi de parents à enfants. D'autres ont fait remarquer que les familles souffrent souvent d'une grande anxiété. Il semble qu'il y a plus de préoccupations pour prévenir les problèmes futurs que pour partager le présent. Ceci – qui est une question culturelle – s'aggrave en raison d'un avenir professionnel incertain, de l'insécurité économique, ou de la crainte pour l'avenir des enfants.

51. La toxicomanie a aussi été mentionnée comme une des plaies de notre époque, qui fait souffrir de nombreuses familles et finit souvent par les détruire. Il en est de même en ce qui concerne l'alcoolisme, le jeu et d'autres addictions. La famille pourrait être un lieu de prévention et de protection, mais la société et la politique tardent à se rendre compte qu'une famille en péril « perd la capacité de réaction pour aider ses membres [...]. Nous notons les graves conséquences de cette rupture dans les

29 octobre 2015, p. 8.

familles brisées, les enfants déracinés, les personnes âgées abandonnées, les enfants orphelins alors que leurs parents sont vivants, les adolescents et les jeunes désorientés et sans protection[38] ». Comme l'ont indiqué les Évêques du Mexique, il y a de tristes situations de violence familiale qui constituent le terreau de nouvelles formes d'agressivité sociale, parce que « les relations familiales aussi expliquent la prédisposition d'une personne violente. Les familles qui influent pour cela sont celles qui ont une communication déficiente ; dans celles où les attitudes défensives prédominent, où leurs membres ne se soutiennent pas entre eux ; dans celles où il n'y a pas d'activités familiales qui favorisent la participation, dans celles où les relations entre les parents deviennent souvent conflictuelles et violentes, et dans celles où les relations parents-enfants se caractérisent par des attitudes hostiles. La violence intrafamiliale est une école de ressentiment et de haine dans les relations humaines de base[39] ».

52. Personne ne peut penser qu'affaiblir la famille comme société naturelle fondée sur le mariage soit une chose qui favorise la société. C'est le contraire qui arrive : cela porte préjudice à la maturation des enfants, à la culture des valeurs communautaires, et au développement moral des villes et des villages. On ne se rend plus clairement compte que seule l'union exclusive et indissoluble entre un homme et une femme remplit une fonction sociale

---

38 Conférence des Évêques d'Argentine, *Navega mar adentro* (31 mai 2003), n. 42.

39 Conférence Épiscopale du Mexique, *Que en Cristo Nuestra Paz México tenga vida* digna (15 février 2009), n. 67.

pleine, du fait qu'elle est un engagement stable et permet la fécondité. Nous devons reconnaître la grande variété des situations familiales qui peuvent offrir une certaine protection, mais les unions de fait, ou entre personnes du même sexe, par exemple, ne peuvent pas être placidement comparées au mariage. Aucune union précaire ou excluant la procréation n'assure l'avenir de la société. Mais qui s'occupe aujourd'hui de soutenir les familles, de les aider à surmonter les dangers qui les menacent, de les accompagner dans leur rôle éducatif, d'encourager la stabilité de l'union conjugale ?

53. « Dans certaines sociétés subsiste encore la pratique de la polygamie, et, dans d'autres contextes, celle des mariages arrangés [...]. Dans de nombreux contextes, et pas seulement en Occident, se diffuse largement la pratique de la vie en commun avant le mariage ou même de la cohabitation sans aspirer à un lien institutionnel[40] » En différents pays, la législation facilite l'accroissement d'une multiplicité d'alternatives, de sorte qu'un mariage avec ses notes d'exclusivité, d'indissolubilité et d'ouverture à la vie finit par apparaître comme une offre obsolète parmi beaucoup d'autres. En de nombreux pays, une destruction juridique de la famille progresse, tendant à adopter des formes basées quasi exclusivement sur le paradigme de l'autonomie de la volonté. S'il est juste et légitime de rejeter de vieilles formes de la famille "traditionnelle", caractérisées par l'autoritarisme, y compris par la violence, cela ne devrait

40 *Relatio finalis 2015*, n. 25.

pas conduire à la dépréciation du mariage mais à la redécouverte de son véritable sens et à sa rénovation. La force de la famille « réside essentiellement dans sa capacité d'aimer et d'enseigner à aimer. Aussi blessée soit-elle, une famille pourra toujours grandir en s'appuyant sur l'amour[41] ».

54. Par ce bref panorama de la réalité, je désire souligner que, bien que de notables améliorations aient eu lieu dans la reconnaissance des droits des femmes à intervenir dans l'espace public, il y a encore beaucoup de chemin à parcourir dans certains pays. On n'a pas fini d'éradiquer des coutumes inacceptables. Je souligne la violence honteuse qui parfois s'exerce sur les femmes, les abus dans le cercle familial et diverses formes d'esclavage, qui ne constituent pas une démonstration de force masculine, mais une lâche dégradation. La violence verbale, physique et sexuelle qui s'exerce sur les femmes dans certaines familles contredit la nature même de l'union conjugale. Je pense à la grave mutilation génitale de la femme dans certaines cultures, mais aussi à l'inégalité d'accès à des postes de travail dignes et aux lieux où se prennent les décisions. L'histoire porte les marques des excès des cultures patriarcales où la femme était considérée comme de seconde classe ; mais rappelons aussi le phénomène des mères porteuses, ou « l'instrumentalisation et la marchandisation du corps féminin dans la culture médiatique actuelle[42] ». Certains considèrent que beaucoup de problèmes actuels sont

---

41 *Relatio finalis 2015*, n. 10.

42 *Catéchèse* (22 avril 2015) : *L'Osservatore Romano*, éd. en langue française, 23 avril 2015, p. 2.

apparus à partir de l'émancipation de la femme. Mais cet argument n'est pas valide, « cela est faux, ce n'est pas vrai ! C'est une forme de machisme[43] ». L'égale dignité entre l'homme et la femme nous pousse à nous réjouir que les vieilles formes de discrimination soient dépassées, et qu'au sein des familles un effort de réciprocité se réalise. Même si des formes de féminisme, qu'on ne peut juger adéquates, apparaissent, nous admirons cependant une œuvre de l'Esprit dans la reconnaissance plus claire de la dignité de la femme et de ses droits.

55. « L'homme revêt un rôle tout aussi décisif dans la vie de la famille, en se référant plus particulièrement à la protection et au soutien de l'épouse et des enfants. Beaucoup d'hommes sont conscients de l'importance de leur rôle dans la famille et le vivent avec les qualités spécifiques du caractère masculin. L'absence du père marque gravement la vie familiale, l'éducation des enfants et leur insertion dans la société. Son absence peut être physique, affective, cognitive et spirituelle. Cette carence prive les enfants d'un modèle de référence du comportement paternel[44] ».

56. Un autre défi apparaît sous diverses formes d'une idéologie, généralement appelée "gender", qui « nie la différence et la réciprocité naturelle entre un homme et une femme. Elle laisse envisager une société sans différence de sexe et sape la base

---

43 *Catéchèse* (29 avril 2015) : *L'Osservatore Romano*, éd. en langue française, 30 avril 2015, p. 2.
44 *Relatio finalis 2015*, n. 28.

anthropologique de la famille. Cette idéologie induit des projets éducatifs et des orientations législatives qui encouragent une identité personnelle et une intimité affective radicalement coupées de la diversité biologique entre masculin et féminin. L'identité humaine est laissée à une option individualiste, qui peut même évoluer dans le temps[45] ». Il est inquiétant que certaines idéologies de ce type, qui prétendent répondre à des aspirations parfois compréhensibles, veulent s'imposer comme une pensée unique qui détermine même l'éducation des enfants. Il ne faut pas ignorer que « le sexe biologique (*sex*) et le rôle socioculturel du sexe (*gender*), peuvent être distingués, mais non séparés[46] ». D'autre part, « la révolution biotechnologique dans le domaine de la procréation humaine a introduit la possibilité de manipuler l'acte d'engendrer, en le rendant indépendant de la relation sexuelle entre un homme et une femme. De la sorte, la vie humaine et la parentalité sont devenues des réalités qu'il est possible de faire ou de défaire, principalement sujettes aux désirs des individus ou des couples, qui ne sont pas nécessairement hétérosexuels ou mariés[47] ». Une chose est de comprendre la fragilité humaine ou la complexité de la vie, autre chose est d'accepter des idéologies qui prétendent diviser les deux aspects inséparables de la réalité. Ne tombons pas dans le péché de prétendre nous substituer au Créateur. Nous sommes des créatures, nous ne sommes pas tout-puissants. La création nous précède et doit être reçue comme un

45 *Ibid.*, n. 8.
46 *Ibid.*, n. 58.
47 *Ibid.*, n. 33.

don. En même temps, nous sommes appelés à sauvegarder notre humanité, et cela signifie avant tout l'accepter et la respecter comme elle a été créée.

57. Je rends grâce à Dieu du fait que beaucoup de familles, qui sont loin de se considérer comme parfaites, vivent dans l'amour, réalisent leur vocation et vont de l'avant, même si elles tombent souvent en chemin. Un stéréotype de la famille idéale ne résulte pas des réflexions synodales, mais il s'en dégage un collage qui interpelle, constitué de nombreuses réalités différentes, remplies de joies, de drames, et de rêves. Les réalités qui nous préoccupent sont des défis. Ne tombons pas dans le piège de nous épuiser en lamentations auto défensives, au lieu de réveiller une créativité missionnaire. Dans toutes les situations « l'Église ressent la nécessité de dire une parole de vérité et d'espérance [...]. Les grandes valeurs du mariage et de la famille chrétienne correspondent à la recherche qui traverse l'existence humaine[48] ». Si nous voyons beaucoup de difficultés, elles sont – comme l'ont dit les Évêques de Colombie – un appel à « libérer en nous les énergies de l'espérance, en les traduisant en rêves prophétiques, en actions qui transforment et en imagination de la charité[49] ».

---

48 *Relatio Synodi 2014,* n. 11.

49 Conférence des Évêques de Colombie, *A tiempos dificiles, colombianos nuevos* (13 février 2003), n. 3.

TROISIÈME CHAPITRE

LE REGARD POSÉ SUR JÉSUS : LA VOCATION DE LA FAMILLE

58. face aux familles et au milieu d'elles, doit toujours et encore résonner la première annonce, qui constitue ce qui « est plus beau, plus grand, plus attirant et en même temps plus nécessaire[50] » et qui « doit être au centre de l'activité évangélisatrice[51] ». C'est le principal message « que l'on doit toujours écouter de nouveau de différentes façons et que l'on doit toujours annoncer de nouveau durant la catéchèse sous une forme ou une autre[52] ». Car « il n'y a rien de plus solide, de plus profond, de plus sûr, de plus consistant et de plus sage que cette annonce » et « toute la formation chrétienne est avant tout l'approfondissement du kérygme[53] ».

59. Notre enseignement sur le mariage et la famille ne peut cesser de s'inspirer et de se transfigurer à la lumière de ce message d'amour et de tendresse, pour ne pas devenir pure défense d'une doctrine froide et sans vie. Car le mystère de la famille chrétienne ne peut pas non plus se

50 Exhort. ap. *Evangelii gaudium* (24 novembre 2013), 35 : *AAS* 105 (2013), p. 1034.
51 *Ibid.*, 164 : *AAS* 105 (2013), p. 1088.
52 *Ibid.*
53 *Ibid.*, 165 : *AAS* 105 (2013), p. 1089.

comprendre pleinement si ce n'est à la lumière de l'amour infini du Père manifesté dans le Christ qui s'est donné jusqu'au bout et qui est vivant parmi nous. C'est pourquoi je voudrais contempler le Christ vivant présent dans tant d'histoires d'amour, et invoquer le feu de l'Esprit sur toutes les familles du monde.

60. Dans ce cadre, ce bref chapitre recueille une synthèse de l'enseignement de l'Église sur le mariage et la famille. Je citerai également ici divers apports présentés par les Pères synodaux dans leurs réflexions sur la lumière que nous offre la foi. Ils ont commencé par le regard de Jésus et ont indiqué qu'il « a regardé avec amour et tendresse les femmes et les hommes qu'il a rencontrés, en accompagnant leurs pas avec vérité, patience et miséricorde, tout en annonçant les exigences du Royaume de Dieu[54] ». De la même manière, le Seigneur nous accompagne aujourd'hui dans notre souci de vivre et de transmettre l'Évangile de la famille.

Jésus reprend et conduit à sa plénitude le projet divin

61. Face à ceux qui interdisaient le mariage, le Nouveau Testament enseigne que « tout ce que Dieu a créé est bon et aucun aliment n'est à proscrire » (*1 Tm* 4,4). Le mariage est un "don" du Seigneur (*1 Co* 7,7). En même temps, grâce à cette évaluation positive, un accent fort est mis sur la protection de ce don divin : « Que le mariage soit

54 *Relatio Synodi 2014*, n. 12.

honoré de tous et le lit nuptial sans souillure. » (*He* 13,4). Ce don de Dieu inclut la sexualité : « Ne vous refusez pas l'un à l'autre. » (*1 Co* 7,5).

62. Les Pères synodaux ont rappelé que Jésus « se référant au dessein initial sur le couple humain, [...] réaffirme l'union indissoluble entre l'homme et la femme, tout en disant qu'"en raison de votre dureté de cœur, Moïse vous a permis de répudier vos femmes ; mais dès l'origine il n'en fut pas ainsi" (*Mt* 19,8). L'indissolubilité du mariage ("Ce que Dieu a uni, l'homme ne doit point le séparer", *Mt* 19,6), ne doit pas avant tout être comprise comme un "joug" imposé aux hommes, mais bien plutôt comme un "don" fait aux personnes unies par le mariage. [...]. La condescendance divine accompagne toujours le chemin de l'homme, par sa grâce elle guérit et transforme le cœur endurci en l'orientant vers son origine, à travers le chemin de la croix. Les Évangiles font clairement ressortir l'exemple de Jésus qui [...] a annoncé le message concernant la signification du mariage comme plénitude de la révélation qui permet de retrouver le projet originel de Dieu (cf. *Mt* 19,3)[55] ».

63. « Jésus, qui a réconcilié toutes choses en lui, a ramené le mariage et la famille à leur forme originelle (cf. *Mc* 10,1-12). La famille et le mariage ont été rachetés par le Christ (cf. *Ep* 5,21-32), restaurés à l'image de la Très Sainte Trinité, mystère d'où jaillit tout amour véritable. L'alliance sponsale, inaugurée dans la création et révélée

---

55 *Ibid.*, n. 14.

dans l'histoire du salut, reçoit la pleine révélation de sa signification dans le Christ et dans son Église. Du Christ, à travers l'Église, le mariage et la famille reçoivent la grâce nécessaire pour témoigner de l'amour de Dieu et vivre la vie de communion. L'Évangile de la famille traverse l'histoire du monde depuis la création de l'homme à l'image et à la ressemblance de Dieu (cf. *Gn* 1,26-27) jusqu'à l'accomplissement du mystère de l'Alliance dans le Christ à la fin des siècles avec les noces de l'Agneau (cf. *Ap* 19,9)[56] ».

64. « L'exemple de Jésus est un paradigme pour l'Église. Le Fils de Dieu est venu dans le monde au sein d'une famille [...]. Il a inauguré sa vie publique sous le signe de Cana, accompli lors d'un banquet de noces (cf. *Jn* 2,1-11) [...]. Il a partagé des moments quotidiens d'amitié avec la famille de Lazare et de ses sœurs (cf. *Lc* 10,38) et avec la famille de Pierre (cf. *Mt* 8,14). Il a écouté les pleurs des parents pour leurs enfants, leur rendant la vie (cf. *Mc* 5, 41 ; *Lc* 7,14-15) et manifestant ainsi la véritable signification de la miséricorde, qui implique la restauration de l'Alliance (cf. Jean-Paul II, *Dives in misericordia,* n. 4). Ceci ressort clairement des rencontres avec la samaritaine (cf. *Jn* 4,1-30) et avec la femme adultère (cf. *Jn* 8,1-11), chez qui la perception du péché se réveille face à l'amour gratuit de Jésus[57]. »

65. L'incarnation du Verbe dans une famille humaine, à Nazareth, touche par sa nouveauté l'histoire du monde.

56 *Ibid.*, n. 16.
57 *Relatio finalis 2015,* n. 41.

Nous avons besoin de plonger dans le mystère de la naissance de Jésus, dans le oui de Marie à l'annonce de l'ange, lorsque la Parole a été conçue dans son sein ; également dans le oui de Joseph, qui a donné à Jésus son nom et a pris en charge Marie ; dans la fête des bergers près de la crèche ; dans l'adoration des Mages ; dans la fuite en Égypte, à travers laquelle Jésus participe à la douleur de son peuple exilé, persécuté et humilié ; dans l'attente religieuse de Zacharie et dans la joie qui accompagne la naissance de Jean le Baptiste ; dans la promesse accomplie pour Siméon et Anne au temple ; dans l'admiration des docteurs écoutant la sagesse de Jésus adolescent. Et ensuite, pénétrer les trente longues années où Jésus gagnait son pain en travaillant de ses mains, en murmurant la prière et la tradition croyante de son peuple et en étant éduqué dans la foi de ses parents, jusqu'à la faire fructifier dans le mystère du Royaume. C'est cela le mystère de la Nativité et le secret de Nazareth, plein de parfum familial ! C'est le mystère, qui a tant fasciné François d'Assise, Thérèse de l'Enfant-Jésus et Charles de Foucauld, où se désaltèrent aussi les familles chrétiennes pour renouveler leur espérance et leur joie.

66. « L'alliance d'amour et de fidélité, dont vit la Sainte Famille de Nazareth, illumine le principe qui donne forme à toute famille et la rend capable de mieux affronter les vicissitudes de la vie et de l'histoire. Sur cette base, toute famille, malgré sa faiblesse, peut devenir une lumière dans l'obscurité du monde. "Une leçon de vie familiale. Que Nazareth nous enseigne ce qu'est la famille, sa communion d'amour, son austère et simple beauté, son caractère

sacré et inviolable; apprenons de Nazareth comment la formation qu'on y reçoit est douce et irremplaçable; apprenons quel est son rôle primordial sur le plan social" (Paul VI, *Discours prononcé à Nazareth*, 5 janvier 1964)[58] ».

La famille dans les documents de l'Église

67. Le Concile Œcuménique Vatican II, dans la Constitution pastorale *Gaudium et spes* s'est occupé de la promotion de la dignité du mariage et de la famille (cf. nn. 47-52). « Il a qualifié le mariage de communauté de vie et d'amour (cf. n. 48), en plaçant l'amour au centre de la famille [...] Le "véritable amour conjugal" (n. 49) implique le don réciproque de soi, inclut et intègre la dimension sexuelle et l'affectivité, en correspondant au dessein divin (cf. nn. 48-49). De plus, *Gaudium et spes* n. 48 souligne l'enracinement des époux dans le Christ : le Christ Seigneur "vient à la rencontre des époux chrétiens dans le sacrement du mariage" et demeure avec eux. Dans l'incarnation, il assume l'amour humain, le purifie, le conduit à sa plénitude et donne aux époux, avec son Esprit, la capacité de le vivre en imprégnant toute leur vie de foi, d'espérance et de charité. De la sorte, les époux sont comme consacrés et, par une grâce spécifique, ils édifient le Corps du Christ et constituent une Église domestique (cf. *Lumen gentium*, n. 11). Aussi l'Église, pour comprendre

58 *Ibid.*, n. 38.

pleinement son mystère, regarde-t-elle la famille humaine qui le manifeste d'une façon authentique[59] ».

68. Ensuite, « le bienheureux Paul VI, dans le sillage du Concile Vatican II, a approfondi la doctrine sur le mariage et sur la famille. En particulier, par l'Encyclique *Humanae vitae*, il a mis en lumière le lien intrinsèque entre l'amour conjugal et l'engendrement de la vie : "L'amour conjugal exige donc des époux une conscience de leur mission de "paternité responsable", sur laquelle, à bon droit, on insiste tant aujourd'hui, et qui doit, elle aussi, être exactement comprise. [...]. Un exercice responsable de la paternité implique donc que les conjoints reconnaissent pleinement leurs devoirs envers Dieu, envers eux-mêmes, envers la famille et envers la société, dans une juste hiérarchie des valeurs" (n. 10). Dans son Exhortation Apostolique *Evangelii nuntiandi*, Paul VI a mis en évidence le rapport entre la famille et l'Église[60] ».

69. « Saint Jean-Paul II a consacré à la famille une attention particulière à travers ses catéchèses sur l'amour humain, sa Lettre aux familles *Gratissimam sane* et surtout dans l'Exhortation Apostolique *Familiaris consortio*. Dans ces documents, ce Pape a qualifié la famille de "voie de l'Église" ; il a offert une vision d'ensemble sur la vocation à l'amour de l'homme et de la femme ; il a proposé les lignes fondamentales d'une pastorale de la famille et de la présence de la famille dans la société. En

59 *Relatio Synodi 2014*, n. 17.
60 *Relatio finalis 2015*, n. 43.

particulier, s'agissant de la charité conjugale (cf. *Familiaris consortio*, n. 13), il décrit la façon dont les époux, dans leur amour mutuel, reçoivent le don de l'Esprit du Christ et vivent leur appel à la sainteté[61] ».

70. « Benoît XVI, dans l'Encyclique *Deus caritas est*, a repris le thème de la vérité de l'amour entre homme et femme, qui ne s'éclaire pleinement qu'à la lumière de l'amour du Christ crucifié (cf. n. 2). Il y réaffirme que : "Le mariage fondé sur un amour exclusif et définitif devient l'icône de la relation de Dieu avec son peuple et réciproquement : la façon dont Dieu aime devient la mesure de l'amour humain " (n. 11). Par ailleurs, dans son Encyclique *Caritas in veritate*, il met en évidence l'importance de l'amour comme principe de vie dans la société (cf. n. 44), lieu où s'apprend l'expérience du bien commun[62]. »

Le sacrement de mariage

71. « L'Écriture et la Tradition nous ouvrent l'accès à une connaissance de la Trinité qui se révèle sous des traits familiers. La famille est l'image de Dieu qui [...] est communion de personnes. Lors du Baptême, la voix du Père désigne Jésus comme son Fils bien aimé et c'est l'Esprit Saint qu'il faut reconnaître dans cet amour, (cf. *Mc* 1, 10-11). Jésus, qui a réconcilié toutes choses en lui et qui a racheté l'homme du péché, n'a pas seulement

61 *Relatio Synodi 2014*, n. 18.
62 *Ibid.*, n. 19.

ramené le mariage et la famille à leur forme originelle, mais il a aussi élevé le mariage au rang de signe sacramentel de son amour pour l'Église (cf. *Mt* 19, 1-12 ; *Mc* 10, 1-12 ; *Ep* 5, 21-32). C'est dans la famille humaine, réunie par le Christ, qu'est restituée "l'image et la ressemblance" de la Sainte Trinité (cf. *Gn* 1, 26), mystère d'où jaillit tout amour véritable. Par l'Église, le mariage et la famille reçoivent du Christ la grâce de l'Esprit Saint, pour témoigner de l'Évangile de l'amour de Dieu[63]. »

72. Le sacrement de mariage n'est pas une convention sociale, un rite vide ni le simple signe extérieur d'un engagement. Le sacrement est un don pour la sanctification et le salut des époux, car « s'appartenant l'un à l'autre, ils représentent réellement, par le signe sacramentel, le rapport du Christ à son Église. Les époux sont donc pour l'Église le rappel permanent de ce qui est advenu sur la croix. Ils sont l'un pour l'autre et pour leurs enfants des témoins du salut dont le sacrement les rend participants[64] ». Le mariage est une vocation tant qu'il constitue une réponse à l'appel spécifique à vivre l'amour conjugal comme signe imparfait de l'amour entre le Christ et l'Église. Par conséquent, la décision de se marier et de fonder une famille doit être le fruit d'un discernement vocationnel.

73. « Le don réciproque constitutif du mariage sacramentel est enraciné dans la grâce du baptême qui

63 *Relatio finalis 2015*, n. 38.

64 Jean-Paul II, Exhort. ap. *Familiaris consortio* (22 novembre 1981), n. 13 : *AAS* 74 (1982), p. 94.

établit l'alliance fondamentale de chaque personne avec le Christ dans l'Église. Dans l'accueil réciproque et avec la grâce du Christ, les futurs époux se promettent un don total, une fidélité et une ouverture à la vie, ils reconnaissent comme éléments constitutifs du mariage les dons que Dieu leur offre, en prenant au sérieux leur engagement réciproque, en son nom et devant l'Église. Or, dans la foi, il est possible d'assumer les biens du mariage comme des engagements plus faciles à tenir grâce à l'aide de la grâce du sacrement [...]. Par conséquent, le regard de l'Église se tourne vers les époux comme vers le cœur de la famille entière qui tourne à son tour son regard vers Jésus[65] ». Le sacrement n'est pas une "chose" ou une "force", car en réalité le Christ lui-même « "vient à la rencontre des époux chrétiens par le sacrement du mariage" (*Gaudium et spes* n. 48, § 2). Il reste avec eux, il leur donne la force de le suivre en prenant leur croix sur eux, de se relever après leurs chutes, de se pardonner mutuellement, de porter les uns les fardeaux des autres[66] ». Le mariage chrétien est un signe qui non seulement indique combien le Christ aime son Église à travers l'Alliance scellée sur la Croix, mais encore rend présent cet amour dans la communion des époux. En s'unissant pour être une seule chair, ils représentent les fiançailles du Fils de Dieu avec la nature humaine. C'est pourquoi « dans les joies de leur amour et de leur vie familiale il leur donne, dès ici-bas, un avant-goût du festin des noces de l'Agneau[67] ». Même si « l'analogie entre le couple mari-femme et celui Christ-Église » est une

---

65 *Relatio Synodi 2014*, n. 21

66 *Catéchisme de l'Église catholique*, n. 1642.

67 *Ibid.*

« analogie imparfaite[68] », elle invite à invoquer le Seigneur pour qu'il répande son propre amour dans les limites des relations conjugales.

74. L'union sexuelle, vécue de manière humaine et sanctifiée par le sacrement, est en retour un chemin de croissance dans la vie de grâce pour les époux. C'est le « mystère nuptial[69] ». La valeur de l'union des corps est exprimée dans les paroles de consentement, où ils se sont acceptés et se sont donnés l'un à l'autre pour partager toute la vie. Ces paroles donnent un sens à la sexualité, et la libèrent de toute ambiguïté. Mais en réalité, toute la vie en commun des époux, tout le réseau des relations qu'ils tissent entre eux, avec leurs enfants et avec le monde, tout cela est imprégné et fortifié par la grâce du sacrement qui jaillit du mystère de l'Incarnation et de la Pâque, où Dieu a exprimé tout son amour pour l'humanité et s'est uni intimement à elle. Ils ne seront jamais seuls, réduits à leurs propres forces pour affronter les défis qui se présentent. Ils sont appelés à répondre au don de Dieu par leur engagement, leur créativité, leur résistance et leur lutte quotidienne, mais ils pourront toujours invoquer l'Esprit Saint qui a consacré leur union, afin que la grâce reçue se manifeste sans cesse dans chaque situation nouvelle.

75. Selon la tradition latine de l'Église, dans le sacrement de mariage les ministres sont l'homme et la femme qui se

---

68 *Catéchèse* (6 mai 2015) : *L'Osservatore Romano*, éd. en langue française, 7 mai 2015, p. 2.

69 Léon le Grand, *Epistula Rustico narbonensi episcopo*, inquis. IV : *PL* 54, 1205A ; cf. Incmaro de Reims, *Epist*. 22 : *PL* 126, p. 142.

marient[70]. Ceux-ci, en manifestant leur consentement et en l'exprimant par le don de leur corps, reçoivent un grand don. Leur consentement et l'union de leurs corps sont les instruments de l'action divine qui fait d'eux une seule chair. À travers le baptême a été consacrée leur capacité à s'unir dans le mariage comme ministres du Seigneur pour répondre à l'appel de Dieu. C'est pourquoi, lorsque les époux non chrétiens sont baptisés, il n'est pas nécessaire qu'ils renouvellent la promesse matrimoniale et il suffit qu'ils ne la rejettent pas, puisque par le baptême qu'ils reçoivent cette union devient automatiquement sacramentelle. Le droit canonique reconnaît également la validité de certains mariages qui sont célébrés sans un ministre ordonné[71]. Car l'ordre naturel a été pénétré par la rédemption de Jésus Christ, en sorte qu'« entre baptisés, il ne peut exister de contrat matrimonial valide qui ne soit, par le fait même, un sacrement »[72]. L'Église peut exiger le caractère public de l'acte, la présence de témoins et d'autres conditions qui ont varié au cours de l'histoire, mais cela n'enlève pas aux deux personnes qui se marient leur caractère de ministres du sacrement ni n'affaiblit le caractère central du consentement de l'homme et de la femme, qui est, en soi, ce par quoi le lien sacramentel est établi. De toute manière, nous avons besoin de réfléchir davantage sur l'action divine dans le rite nuptial, qui est bien mise en exergue dans les Églises Orientales, par

70 Cf. Pie XII, Lettre enc. *Mystici Corporis Christi* (29 juin 1943) *AAS* 35 (1943), p. 202 : « *Matrimonio enim quo coniuges sibi invicem sunt ministri gratiae* ».

71 Cf. *Code de Droit Canonique*, cc. 1116 ; 1161-1165 ; *Code des Canons des Églises Orientales*, cc. 832 ; 848-852.

72 *Code de Droit Canonique*, c. 1055 § 2.

l'accent placé sur l'importance de la bénédiction sur ceux qui contractent le mariage, en signe du don de l'Esprit.

Semences du Verbe et situations imparfaites

76. « L'Évangile de la famille nourrit également ces germes qui attendent encore de mûrir et doit prendre soin des arbres qui se sont desséchés et qui ont besoin de ne pas être négligés[73] », en sorte que, partageant le don du Christ dans le sacrement, ils « soient patiemment conduits plus loin, jusqu'à une conscience plus riche et à une intégration plus pleine de ce mystère dans leur vie »[74].

77. En assumant l'enseignement biblique selon lequel tout a été créé par le Christ et pour le Christ (cf. *Col* 1, 16), les Pères synodaux ont rappelé que « l'ordre de la rédemption illumine et réalise celui de la création. Le mariage naturel se comprend donc pleinement à la lumière de son accomplissement sacramentel : ce n'est qu'en fixant le regard sur le Christ que l'on connaît à fond la vérité sur les rapports humains. "En réalité, le mystère de l'homme ne s'éclaire vraiment que dans le mystère du Verbe incarné [...]. Nouvel Adam, le Christ, dans la révélation même du mystère du Père et de son amour, manifeste pleinement l'homme à lui-même et lui découvre la sublimité de sa vocation" (*Gaudium et spes*, n. 22). Il apparaît particulièrement opportun de comprendre dans

73 *Relatio Synodi 2014*, n. 23.

74 Jean-Paul II, Exhort. ap. *Familiaris consortio* (22 novembre 1981), n. 9 : *AAS* 74 (1982), p. 90.

une optique christocentrique [...] le bien des époux (*bonum coniugum*)[75] », qui inclut l'unité, l'ouverture à la vie, la fidélité et l'indissolubilité, ainsi que dans le mariage chrétien également l'aide mutuelle sur le chemin vers une amitié plus pleine avec le Seigneur. « Le discernement de la présence des *semina Verbi* dans les autres cultures (cf. *Ad Gentes*, n. 11) peut être appliqué aussi à la réalité conjugale et familiale. Outre le véritable mariage naturel, il existe des éléments positifs présents dans les formes matrimoniales d'autres traditions religieuses[76] », même si les ombres ne manquent pas non plus. Nous pouvons dire que « quiconque voudrait fonder une famille qui enseigne aux enfants à se réjouir de chaque geste visant à vaincre le mal – une famille qui montre que l'Esprit est vivant et à l'œuvre – trouvera gratitude, appréciation et estime, quels que soient son peuple, sa religion ou sa région »[77].

78. « Le regard du Christ, dont la lumière éclaire tout homme (cf. *Jn* 1, 9; *Gaudium et spes,* n. 22), inspire la pastorale de l'Église à l'égard des fidèles qui vivent en concubinage ou qui ont simplement contracté un mariage civil ou encore qui sont des divorcés remariés. Dans la perspective de la pédagogie divine, l'Église se tourne avec amour vers ceux qui participent à sa vie de façon imparfaite : elle invoque avec eux la grâce de la conversion, les encourage à accomplir le bien, à prendre

---

75 *Relatio finalis 2015,* n. 47.

76 *Ibid.*

77 *Homélie à l'occasion de la Messe de clôture de la VIIIème Rencontre Mondiale des Familles* à Philadelphie (27 septembre 2015) : *L'Osservatore Romano,* éd. en langue française, 8 octobre 2015, pp. 17-18.

soin l'un de l'autre avec amour et à se mettre au service de la communauté dans laquelle ils vivent et travaillent [...]. Quand l'union atteint une stabilité visible à travers un lien public – et qu'elle est caractérisée par une profonde affection, par une responsabilité vis-à-vis des enfants, par la capacité de surmonter les épreuves – elle peut être considérée comme une occasion d'accompagner vers le sacrement du mariage, lorsque cela est possible »[78].

79. « Face aux situations difficiles et aux familles blessées, il faut toujours rappeler un principe général : "Les pasteurs doivent savoir que, par amour de la vérité, ils ont l'obligation de bien discerner les diverses situations" (*Familiaris consortio*, n. 84). Le degré de responsabilité n'est pas le même dans tous les cas et il peut exister des facteurs qui limitent la capacité de décision. C'est pourquoi, tout en exprimant clairement la doctrine, il faut éviter des jugements qui ne tiendraient pas compte de la complexité des diverses situations ; il est également nécessaire d'être attentif à la façon dont les personnes vivent et souffrent à cause de leur condition »[79].

La transmission de la vie et l'éducation des enfants

80. Le mariage est en premier lieu une « communauté profonde de vie et d'amour[80] » qui constitue un bien pour

78 *Relatio finalis 2015,* nn. 53-54.

79 *Ibid.*, n. 51.

80 Conc. Œcum. Vat. II, Const. past. *Gaudium et spes*, sur l'Église dans le monde de ce temps, n. 48.

les époux eux-mêmes[81], et la sexualité « est ordonnée à l'amour conjugal de l'homme et de la femme »[82]. C'est pourquoi, « les époux auxquels Dieu n'a pas donné d'avoir des enfants, peuvent néanmoins avoir une vie conjugale pleine de sens, humainement et chrétiennement »[83]. Cependant, cette union est ordonnée à la procréation « par sa nature même »[84]. En arrivant, l'enfant « ne vient pas de l'extérieur s'ajouter à l'amour mutuel des époux ; il surgit au cœur même de ce don mutuel, dont il est un fruit et un accomplissement »[85]. Il ne survient pas comme la fin d'un processus, mais plutôt il est présent dès le début de l'amour comme une caractéristique essentielle qui ne peut être niée sans mutiler l'amour même. Dès le départ, l'amour rejette toute tendance à s'enfermer sur lui-même, et s'ouvre à une fécondité qui le prolonge au-delà de sa propre existence. Donc, aucun acte génital des époux ne peut nier ce sens[86], même si pour diverses raisons il ne peut pas toujours de fait engendrer une nouvelle vie.

81. L'enfant demande à naître de cet amour, et non de n'importe quelle manière, puisqu'il « n'est pas un dû, mais un don »[87], qui est « le fruit de l'acte spécifique de

---

81 Cf. *Code de Droit Canonique*, c. 1055 § 1: « *Ad bonum coniugum atque ad prolis generationem et educationem ordinatum* ».
82 *Catéchisme de l'Église catholique*, n. 2360.
83 *Ibid.*, n. 1654.
84 Conc. Œcum. Vat. II, Const. past. *Gaudium et spes*, sur l'Église dans le monde de ce temps, n. 80.
85 *Catéchisme de l'Église catholique*, n. 2366.
86 Cf. Paul VI, Lettre enc. *Humanae vitae* (25 juillet 1968), nn. 11-12: *AAS* 60 (1968), pp. 488-489.
87 *Catéchisme de l'Église catholique*, n. 2378.

l'amour conjugal de ses parents »[88]. Car « selon l'ordre de la création, l'amour conjugal entre un homme et une femme et la transmission de la vie sont ordonnés l'un à l'autre (cf. *Gn* 1, 27-28). De cette façon, le Créateur a voulu que l'homme et la femme participent à l'œuvre de sa création et il en a fait en même temps des instruments de son amour, leur confiant la responsabilité de l'avenir de l'humanité à travers la transmission de la vie humaine »[89].

82. Les Pères synodaux ont souligné qu'« il n'est pas difficile de constater la diffusion d'une mentalité qui réduit l'engendrement de la vie à une variable du projet individuel ou de couple »[90]. L'enseignement de l'Église aide « à vivre d'une manière harmonieuse et consciente la communion entre les époux, sous toutes ses dimensions, y compris la responsabilité d'engendrer. Il faut redécouvrir le message de l'Encyclique *Humanae vitae* de Paul VI, qui souligne le besoin de respecter la dignité de la personne dans l'évaluation morale des méthodes de régulation des naissances [...]. Le choix de l'adoption et de se voir confier un enfant exprime une fécondité particulière de l'expérience conjugale »[91]. Animée d'une particulière gratitude, l'Église « soutient les familles qui accueillent, éduquent et entourent de leur affection les enfants en situation de handicap »[92].

---

88 Congregation pour la Doctrine de la foi, Instruction *Donum vitae* (22 février 1987), II, 8 : *AAS* 80 (1988), p. 97.

89 *Relatio finalis 2015,* n. 63.

90 *Relatio Synodi 2014,* n. 57.

91 *Ibid.*, n. 58.

92 *Ibid.*, n. 57.

83. Dans ce contexte, je ne peux m'empêcher de dire que, si la famille est le sanctuaire de la vie, le lieu où la vie est engendrée et protégée, le fait qu'elle devient le lieu où la vie est niée et détruite constitue une contradiction déchirante. La valeur d'une vie humaine est si grande, et le droit à la vie de l'enfant innocent qui grandit dans le sein maternel est si inaliénable qu'on ne peut d'aucune manière envisager comme un droit sur son propre corps la possibilité de prendre des décisions concernant cette vie qui est une fin en elle-même et qui ne peut jamais être l'objet de domination de la part d'un autre être humain. La famille protège la vie à toutes ses étapes, y compris dès ses débuts. Voilà pourquoi « à ceux qui travaillent dans les structures de santé, on rappelle leur obligation morale à l'objection de conscience. De même, l'Église sent non seulement l'urgence d'affirmer le droit à la mort naturelle, en évitant l'acharnement thérapeutique et l'euthanasie », mais aussi elle « rejette fermement la peine de mort »[93].

84. Les Pères ont voulu aussi insister sur le fait que l'« un des défis fondamentaux auquel doivent faire face les familles d'aujourd'hui est à coup sûr celui de l'éducation, rendue plus exigeante et complexe en raison de la situation culturelle actuelle et de la grande influence des médias[94] ». « L'Église joue un rôle précieux de soutien aux familles, en partant de l'initiation chrétienne, à travers des communautés accueillantes »[95]. Mais il me semble très important de rappeler que l'éducation intégrale des

93 *Relatio finalis 2015*, n. 64.
94 *Relatio Synodi 2014*, n. 60.
95 *Ibid.*, n. 61.

enfants est à la fois un « grave devoir » et un « droit primordial[96] » des parents. Cela ne constitue pas seulement une charge ou un poids, mais c'est aussi un droit essentiel et irremplaçable qu'ils sont appelés à défendre et dont personne ne devrait prétendre les priver. L'État offre un service éducatif de manière subsidiaire, en accompagnant la responsabilité que les parents ne sauraient déléguer ; ils ont le droit de pouvoir choisir librement le genre d'éducation – accessible et de qualité – qu'ils veulent donner à leurs enfants selon leurs convictions. L'école ne se substitue pas aux parents mais leur vient en aide. C'est un principe de base : « Toutes les autres personnes qui prennent part au processus éducatif ne peuvent agir qu'au nom des parents, avec leur consentement et même, dans une certaine mesure, parce qu'ils en ont été chargés par eux »[97]. Mais « une fracture s'est ouverte entre famille et société, entre famille et école, le pacte éducatif s'est aujourd'hui rompu et ainsi, l'alliance éducative de la société avec la famille est entrée en crise[98] ».

85. L'Église est appelée à collaborer, par une action pastorale adéquate, afin que les parents eux-mêmes puissent accomplir leur mission éducative. Elle doit toujours le faire en les aidant à valoriser leur propre fonction, et à reconnaître que ceux qui ont reçu le

---

96 *Code de droit Canonique*, c. 1136 ; cf. *Code des Canons des Églises Orientales*, c. 627.

97 Conseil Pontifical pour la Famille, *Vérité et signification de la sexualité humaine* (8 décembre 1995), n. 23.

98 *Catéchèse* (20 mai 2015) : *L'Osservatore Romano*, éd. en langue française, 21 mai 2015, p. 2.

sacrement de mariage deviennent de vrais ministres éducatifs, car lorsqu'ils forment leurs enfants, ils édifient l'Église[99], et en le faisant, ils acceptent une vocation que Dieu leur propose[100].

La famille et l'Église

86. « C'est avec une joie intime et une profonde consolation que l'Église regarde les familles qui demeurent fidèles aux enseignements de l'Évangile, en les remerciant et en les encourageant pour le témoignage qu'elles offrent. En effet, elles rendent crédible la beauté du mariage indissoluble et fidèle pour toujours. C'est dans la famille, « que l'on pourrait appeler Église domestique » (*Lumen gentium*, n. 11), que mûrit la première expérience ecclésiale de la communion entre les personnes, où se reflète, par grâce, le mystere de la Sainte Trinité. "C'est ici que l'on apprend l'endurance et la joie du travail, l'amour fraternel, le pardon généreux, même réitéré, et surtout le culte divin par la prière et l'offrande de sa vie" (*Catéchisme de l'Église Catholique*, n. 1657)[101] ».

87. L'Église est une famille de familles, constamment enrichie par la vie de toutes les Églises domestiques. Par conséquent, « en vertu du sacrement du mariage, chaque famille devient à tous les effets un bien pour l'Église. Dans

---

99 Cf. Jean-Paul II, Exhort. ap. *Familiaris consortio* (22 novembre 1981), 38. *AAS* 74 (1982), p. 129.

100 Cf. *Discours à l'Assemblée diocésaine de Rome* (14 juin 2015): *L'Osservatore Romano*, éd. en langue française, 25 juin 2015, pp. 13-14.

101 *Relatio Synodi 2014*, n. 23.

cette perspective, ce sera certainement un don précieux, pour l'Église d'aujourd'hui, de considérer également la réciprocité entre famille et Église : l'Église est un bien pour la famille, la famille est un bien pour l'Église. Il revient non seulement à la cellule familiale, mais à la communauté chrétienne tout entière de veiller au don sacramentel du Seigneur[102] ».

88. L'amour vécu dans les familles est une force constante pour la vie de l'Église. « L'objectif d'union du mariage est un rappel constant à faire grandir et à approfondir cet amour. Dans leur union d'amour, les époux expérimentent la beauté de la paternité et de la maternité ; ils partagent les projets et les difficultés, les désirs et les préoccupations ; ils apprennent à prendre soin l'un de l'autre et à se pardonner réciproquement. Dans cet amour, ils célèbrent leurs moments heureux et se soutiennent dans les passages difficiles de leur vie [...]. La beauté du don réciproque et gratuit, la joie pour la vie qui naît et l'attention pleine d'amour de tous les membres, des plus petits aux plus âgés, sont quelques-uns des fruits qui confèrent au choix de la vocation familiale son caractère unique et irremplaçable[103] », tant pour l'Église que pour la société tout entière.

---

102 *Relatio finalis 2015*, n. 52.

103 *Ibid.*, nn. 49-50.

QUATRIÈME CHAPITRE

L'AMOUR DANS LE MARIAGE

89. Tout ce qui a été dit ne suffit pas à manifester l'évangile du mariage et de la famille si nous ne nous arrêtons pas spécialement pour parler de l'amour. En effet, nous ne pourrions pas encourager un chemin de fidélité et de don réciproque si nous ne stimulions pas la croissance, la consolidation et l'approfondissement de l'amour conjugal et familial. De fait, la grâce du sacrement du mariage est destinée avant tout à « perfectionner l'amour des conjoints[104] ». Ici aussi il s'avère que « quand j'aurais la plénitude de la foi, une foi à transporter les montagnes, si je n'ai pas la charité je ne suis rien. Quand je distribuerais tous mes biens en aumônes, quand je livrerais mon corps aux flammes, si je n'ai pas la charité, cela ne me sert de rien » (*1 Co* 13, 2-3). Mais le mot "amour", l'un des plus utilisés, semble souvent défiguré[105].

104 *Catéchisme de l'Église Catholique*, n. 1641.

105 Cf. Benoît XVI, Lettre enc. *Deus caritas est* (25 décembre 2005), n. 2 : *AAS* 98 (2006), p. 218.

Notre amour quotidien

90. Dans ce qu'on appelle l'hymne à la charité écrit par saint Paul, nous trouvons certaines caractéristiques de l'amour véritable :

« La charité est patiente ;
la charité est serviable ;
elle n'est pas envieuse ;
la charité ne fanfaronne pas,
elle ne se gonfle pas ;
elle ne fait rien d'inconvenant,
ne cherche pas son intérêt,
ne s'irrite pas,
ne tient pas compte du mal ;
elle ne se réjouit pas de l'injustice,
mais elle met sa joie dans la vérité.
Elle excuse tout,
croit tout,
espère tout,
supporte tout » (*1Co* 13, 4-7).

Cela se vit et se cultive dans la vie que partagent tous les jours les époux, entre eux et avec leurs enfants. C'est pourquoi il est utile de s'arrêter pour préciser le sens des expressions de ce texte, pour tenter de l'appliquer à l'existence concrète de chaque famille.

La patience

91. La première expression utilisée est *makrothymei.* La traduction n'est pas simplement « qui supporte tout », parce que cette idée est exprimée à la fin du v. 7. Le sens provient de la traduction grecque de l'Ancien Testament, où il est dit que Dieu est « lent à la colère » (*Ex* 34, 6 ; *Nb* 14, 18). Cela se révèle quand la personne ne se laisse pas mener par les impulsions et évite d'agresser. C'est une qualité du Dieu de l'Alliance qui appelle à l'imiter également dans la vie familiale. Les textes dans lesquels Paul utilise ce terme doivent être lus avec en arrière-fond le Livre de la Sagesse (cf. 11, 23 ; 12, 2.15-18) : en même temps qu'on loue la pondération de Dieu pour donner une chance au repentir, on insiste sur son pouvoir qui se manifeste quand il fait preuve de miséricorde. La patience de Dieu est un acte de miséricorde envers le pécheur et manifeste le véritable pouvoir.

92. Avoir patience, ce n'est pas permettre qu'on nous maltraite en permanence, ni tolérer les agressions physiques, ni permettre qu'on nous traite comme des objets. Le problème survient lorsque nous exigeons que les relations soient idylliques ou que les personnes soient parfaites, ou bien quand nous nous mettons au centre et espérons que notre seule volonté s'accomplisse. Alors, tout nous impatiente, tout nous porte à réagir avec agressivité. Si nous ne cultivons pas la patience, nous aurons toujours des excuses pour répondre avec colère, et en fin de compte nous deviendrons des personnes

qui ne savent pas cohabiter, antisociales et incapables de refréner les pulsions, et la famille se convertira en champ de bataille. C'est pourquoi la Parole de Dieu nous exhorte : « Aigreur, emportement, colère, clameurs, outrages, tout cela doit être extirpé de chez vous, avec la malice sous toutes ses formes » (*Ep* 4, 31). Cette patience se renforce quand je reconnais que l'autre aussi a le droit de vivre sur cette terre près de moi, tel qu'il est. Peu importe qu'il soit pour moi un fardeau, qu'il contrarie mes plans, qu'il me dérange par sa manière d'être ou par ses idées, qu'il ne soit pas tout ce que j'espérais. L'amour a toujours un sens de profonde compassion qui porte à accepter l'autre comme une partie de ce monde, même quand il agit autrement que je l'aurais désiré.

Attitude de service

93. Vient ensuite le mot *xrestéuetai*, qui est unique dans toute la Bible, dérivé de *xrestó* (bonne personne, qui montre sa bonté par des actes). Mais, en raison de son emplacement en strict parallélisme avec le verbe qui précède, il en est un complément. Ainsi Paul veut clarifier que la ''patience'' indiquée en premier lieu n'est pas une attitude totalement passive, mais qu'elle est accompagnée par une activité, par une réaction dynamique et créative face aux autres. Elle montre que l'amour bénéficie aux autres et les promeut. C'est pourquoi elle se traduit comme ''serviable''.

94. Dans tout le texte, on voit que Paul veut insister sur le fait que l'amour n'est pas seulement un sentiment, mais

qu'il doit se comprendre dans le sens du verbe "aimer" en hébreu : c'est "faire le bien". Comme disait saint Ignace de Loyola, « l'amour doit se mettre plus dans les œuvres que dans les paroles »[106]. Il peut montrer ainsi toute sa fécondité, et il nous permet d'expérimenter le bonheur de donner, la noblesse et la grandeur de se donner pleinement, sans mesurer, gratuitement, pour le seul plaisir de donner et de servir.

L'amour n'envie pas

95. Ensuite on rejette, en tant que contraire à l'amour, une attitude désignée comme "*zeloi*" (jalousie ou envie) Cela signifie que dans l'amour on peut pas se sentir mal à l'aise en raison du bien de l'autre (cf. *Ac* 7,9 ; 17,5). L'envie est une tristesse à cause du bien d'autrui, qui montre que le bonheur des autres ne nous intéresse pas, car nous sommes exclusivement concentrés sur notre propre bien-être. Alors que l'amour nous fait sortir de nous-mêmes, l'envie nous porte à nous centrer sur notre moi. Le véritable amour valorise les succès d'autrui, il ne les sent pas comme une menace, et il se libère du goût amer de l'envie. Il accepte que chacun ait des dons différents et divers chemins dans la vie. Il permet donc de découvrir son propre chemin pour être heureux, permettant que les autres trouvent le leur.

96. En définitive, il s'agit d'accomplir ce que demandent les deux derniers commandements de la Loi de Dieu :

106 *Exercices Spirituels,* La contemplation pour obtenir l'amour (230).

« Tu ne convoiteras pas la maison de ton prochain. Tu ne convoiteras pas la femme de ton prochain, ni son serviteur, ni sa servante, ni son bœuf, ni son âne, rien de ce qui est à ton prochain » (*Ex* 20, 17). L'amour nous porte à un sentiment de valorisation de chaque être humain, en reconnaissant son droit au bonheur. J'aime cette personne, je la regarde avec le regard de Dieu le Père qui nous offre tout « afin que nous en jouissions » (*1 Tm* 6, 17), et donc j'accepte en moi-même qu'elle puisse jouir d'un bon moment. Cette même racine de l'amour, dans tous les cas, est ce qui me porte à m'opposer à l'injustice qui consiste en ce que certains ont trop et que d'autres n'ont rien ; ou bien ce qui me pousse à contribuer à ce que les marginalisés de la société puissent aussi connaître un peu de joie. Cependant cela n'est pas de l'envie, mais un désir d'équité

Sans faire étalage ni fanfaronner

97. Vient ensuite l'expression *perpereuomai*, qui indique la gloriole, le désir de se montrer supérieur pour impressionner les autres par une attitude pédante et quelque peu agressive. Celui qui aime, non seulement évite de parler trop de lui-même, mais en plus parce qu'il est centré sur les autres, il sait se mettre à sa place sans prétendre être au centre. Le mot suivant – *physioutai* – a un sens très proche, parce qu'il indique que l'amour n'est pas arrogant. Littéralement il exprime qu'on ne se "grandit" pas devant les autres ; et il désigne quelque chose de plus subtil. Il ne s'agit pas seulement d'une obsession de montrer ses propres qualités, mais, en plus, on perd le sens de la réalité. On se considère plus grand que ce que l'on est

parce qu'on se croit plus "spirituel" ou plus "sage". Paul utilise ce verbe d'autres fois, par exemple pour dire que « la science enfle » alors que « la charité édifie » (*1 Co* 8,1b). C'est-à-dire que certains se croient grands parce qu'ils sont plus instruits que les autres, et ils s'appliquent à être exigeants envers eux et à les contrôler ; alors qu'en réalité ce qui nous grandit, c'est l'amour qui comprend, protège, sert de rempart au faible, qui nous rend grands. Il l'utilise également dans un autre verset, pour critiquer ceux qui sont "gonflés d'orgueil" (cf. *1 Co* 4,18) mais qui, en réalité, font plus preuve de verbiage que du vrai "pouvoir" de l'Esprit (cf. *1 Co* 4,19).

98. Il est important que les chrétiens vivent cela dans la manière de traiter les proches peu formés à la foi, fragiles ou moins solides dans leurs convictions. Parfois, c'est le contraire qui se passe : les soi-disant plus évolués dans la famille deviennent arrogants et insupportables. L'attitude d'humilité apparaît ici comme quelque chose qui fait partie de l'amour, car pour pouvoir comprendre, excuser, ou servir les autres avec le cœur, il est indispensable de guérir l'orgueil et de cultiver l'humilité. Jésus rappelait à ses disciples que dans le monde du pouvoir chacun essaie de dominer l'autre, c'est pourquoi il dit : « il n'en doit pas être ainsi parmi vous » (*Mt* 20,26). La logique de l'amour chrétien n'est pas celle de celui qui s'estime plus que les autres et a besoin de leur faire sentir son pouvoir ; mais « celui qui voudra être le premier d'entre vous, qu'il soit votre esclave » (*Mt* 20,27). La logique de domination des uns par les autres, ou la compétition pour voir qui est le plus intelligent ou le plus fort, ne peut pas régner dans

la vie familiale, parce que cette logique met fin à l'amour. Ce conseil est aussi pour les familles : « Revêtez-vous tous d'humilité dans vos rapports mutuels, car Dieu résiste aux orgueilleux mais c'est aux humbles qu'il donne sa grâce » (*1P* 5, 5).

Amabilité

99. Aimer c'est aussi être aimable, et là, l'expression *asxemonéi* prend sens. Elle veut indiquer que l'amour n'œuvre pas avec rudesse, il n'agit pas de manière discourtoise, il n'est pas dur dans les relations. Ses manières, ses mots, ses gestes sont agréables et non pas rugueux ni rigides. Il déteste faire souffrir les autres. La courtoisie « est une école de délicatesse et de gratuité » qui exige « qu'on cultive son esprit et ses sens, qu'on apprenne à sentir, qu'on parle, qu'on se taise à certains moments[107] ». Être aimable n'est pas un style que le chrétien peut choisir ou rejeter : cela fait partie des exigences indispensables de l'amour ; par conséquent « l'homme est tenu à rendre agréables ses relations avec les autres[108] ». Chaque jour « entrer dans la vie de l'autre, même quand il fait partie de notre vie, demande la délicatesse d'une attitude qui n'est pas envahissante, qui renouvelle la confiance et le respect [...]. L'amour, plus il est intime et profond, exige encore davantage le respect de la liberté, et la capacité d'attendre que l'autre ouvre la porte de son cœur[109] ».

---

107 Octavio Paz, *La llama doble*, Barcelone 1993, p. 35.

108 Thomas d'Aquin, *Somme Théologique* II-II, q. 114, art. 2, ad 1.

109 *Catéchèse* (13 mai 2015) : *L'Osservatore Romano*, éd. en langue française (14 mai 2015), p. 2.

100. Pour se préparer à une véritable rencontre avec l'autre, il faut un regard aimable porté sur lui. Cela n'est pas possible quand règne un pessimisme qui met en relief les défauts et les erreurs de l'autre ; peut-être pour compenser ses propres complexes. Un regard aimable nous permet de ne pas trop nous arrêter sur ses limites, et ainsi nous pouvons l'accepter et nous unir dans un projet commun, bien que nous soyons différents. L'amour aimable crée des liens, cultive des relations, crée de nouveaux réseaux d'intégration, construit une trame sociale solide. Il se protège ainsi lui-même, puisque sans le sens d'appartenance on ne peut pas se donner longtemps aux autres ; chacun finit par chercher seulement ce qui lui convient et la cohabitation devient impossible. Une personne antisociale croit que les autres existent pour satisfaire ses nécessités, et que lorsqu'ils le font, ils accomplissent seulement leur devoir. Il n'y a donc pas de place pour l'amabilité de l'amour et son langage. Celui qui aime est capable de dire des mots d'encouragement qui réconfortent, qui fortifient, qui consolent, qui stimulent. Considérons, par exemple, certaines paroles que Jésus a dites à des personnes : « Aie confiance, mon enfant » (*Mt* 9, 2). « Grande est ta foi » (*Mt* 15, 28). « Lève-toi ! » (*Mc* 5, 41). « Va en paix » (*Lc* 7, 50). « Soyez sans crainte » (*Mt* 14, 27). Ce ne sont pas des paroles qui humilient, qui attristent, qui irritent, qui dénigrent. En famille il faut apprendre ce langage aimable de Jésus.

Détachement

101. Nous avons affirmé plusieurs fois que pour aimer les autres il faut premièrement s'aimer soi-même. Cependant, cet hymne à l'amour affirme que l'amour "ne cherche pas son intérêt", ou "n'est pas égoïste". On utilise aussi cette expression dans un autre texte : « Ne recherchez pas chacun vos propres intérêts, mais plutôt que chacun songe à ceux des autres » (*Ph* 2, 4). Devant une affirmation si claire des Écritures, il ne faut pas donner priorité à l'amour de soi-même comme s'il était plus noble que le don de soi aux autres. Une certaine priorité de l'amour de soi-même peut se comprendre seulement comme une condition psychologique, en tant que celui qui est incapable de s'aimer soi-même rencontre des difficultés pour aimer les autres : « Celui qui est dur pour soi-même, pour qui serait-il bon ? [...] Il n'y a pas homme plus cruel que celui qui se torture soi-même » (*Si* 14, 5-6).

102. Mais Thomas d'Aquin a expliqué « qu'il convient davantage à la charité d'aimer que d'être aimée[110] » et que, de fait, « les mères, chez qui se rencontre le plus grand amour, cherchent plus à aimer qu'à être aimées[111] ». C'est pourquoi l'amour peut aller au-delà de la justice et déborder gratuitement, « sans rien attendre en retour » (*Lc* 6, 35), jusqu'à atteindre l'amour plus grand qui est « donner sa vie » pour les autres (*Jn* 15, 13). Cependant, ce détachement qui permet de donner gratuitement, et de

---

110 Thomas d'Aquin, *Somme Théologique* II-II, q. 27, art. 1, ad 2.

111 *Ibid.*, art. 1.

donner jusqu'à la fin, est-il possible ? Il est certainement possible, puisque c'est ce que demande l'Évangile : « Vous avez reçu gratuitement, donnez gratuitement » (*Mt* 10, 8).

Sans violence intérieure

103. Si la première expression de l'hymne nous invitait à la patience qui empêche de réagir brusquement devant les faiblesses et les erreurs des autres, maintenant un autre mot apparaît – *paroxýnetai* – qui se réfère à une action intérieure d'indignation provoquée par quelque chose d'extérieur. Il s'agit d'une violence interne, d'une irritation dissimulée qui nous met sur la défensive devant les autres, comme s'ils étaient des ennemis gênants qu'il faut éviter. Alimenter cette agressivité intime ne sert à rien. Cela ne fait que nous rendre malades et finit par nous isoler. L'indignation est saine lorsqu'elle nous porte à réagir devant une grave injustice, mais elle est nuisible quand elle tend à imprégner toutes nos attitudes devant les autres.

104. L'Évangile invite plutôt à regarder la poutre qui se trouve dans notre œil (cf. *Mt* 7,5). Et nous, chrétiens, nous ne pouvons pas ignorer la constante invitation de la Parole de Dieu à ne pas alimenter la colère : « Ne te laisse pas vaincre par le mal » (*Rm* 12,21). « Ne nous lassons pas de faire le bien » (*Ga* 6,9). Sentir la force de l'agressivité qui jaillit est une chose, y consentir, la laisser se convertir en une attitude permanente, en est une autre : « Emportez-vous, mais ne commettez pas le péché : que le soleil ne se couche pas sur votre colère » (*Ep* 4,26). Voilà

pourquoi il ne faut jamais terminer la journée sans faire la paix en famille. « Et comment dois-je faire la paix ? Me mettre à genoux ? Non ! Seulement un petit geste, une petite chose et l'harmonie familiale revient. Une caresse suffit, sans [rien dire]. Mais ne jamais finir la journée sans faire la paix[112] ». La réaction intérieure devant une gêne que nous causent les autres devrait être avant tout de bénir dans le cœur, de désirer le bien de l'autre, de demander à Dieu qu'il le libère et le guérisse : « Bénissez, au contraire, car c'est à cela que vous avez été appelés, afin d'hériter la bénédiction » (*1P* 3, 9). Si nous devons lutter contre le mal, faisons-le, mais disons toujours "non" à la violence intérieure.

Le pardon

105. Si nous permettons aux mauvais sentiments de pénétrer nos entrailles, nous donnons lieu à cette rancœur qui vieillit dans le cœur. La phrase *logizetai to kakón* signifie "prend en compte le mal", "en prend note" c'est-à-dire est rancunier. Le contraire, c'est le pardon, un pardon qui se fonde sur une attitude positive, qui essaye de comprendre la faiblesse d'autrui et cherche à trouver des excuses à l'autre personne, comme Jésus qui a dit : « Père, pardonne-leur : ils ne savent ce qu'ils font » (*Lc* 23, 34). Mais généralement la tendance, c'est de chercher toujours plus de fautes, d'imaginer toujours plus de méchanceté, de supposer toutes sortes de mauvaises

112 *Catéchèse* (13 mai 2015) : *L'Osservatore Romano*, éd. en langue française (14 mai 2015), p. 2

intentions, de sorte que la rancœur s'accroît progressivement et s'enracine. De cette manière, toute erreur ou chute du conjoint peut porter atteinte au lien amoureux et à la stabilité de la famille. Le problème est que parfois on donne la même gravité à tout, avec le risque de devenir impitoyable devant toute erreur de l'autre. La juste revendication de ses propres droits devient une soif de vengeance persistante et constante plus qu'une saine défense de la dignité personnelle.

106. Quand on a été offensé ou déçu, le pardon est possible et souhaitable, mais personne ne dit qu'il est facile. La vérité est que « seul un grand esprit de sacrifice permet de sauvegarder et de perfectionner la communion familiale. Elle exige en effet une ouverture généreuse et prompte de tous et de chacun à la compréhension, à la tolérance, au pardon, à la réconciliation. Aucune famille n'ignore combien l'égoïsme, les dissensions, les tensions, les conflits font violence à la communion familiale et peuvent même parfois l'anéantir : c'est là que trouvent leur origine les multiples et diverses formes de division dans la vie familiale[113] ».

107. Nous savons aujourd'hui que pour pouvoir pardonner, il nous faut passer par l'expérience libératrice de nous comprendre et de nous pardonner à nous-mêmes. Souvent nos erreurs, ou le regard critique des personnes que nous aimons, nous ont conduit à perdre l'amour de

113 Jean-Paul II, Exhort. apost. *Familiaris consortio* (22 novembre 1981), n. 21 : *AAS 74* (1982), p. 106.

nous-mêmes. Cela fait que nous finissons par nous méfier des autres, fuyant l'affection, nous remplissant de peur dans les relations interpersonnelles. Alors, pouvoir accuser les autres devient un faux soulagement. Il faut prier avec sa propre histoire, s'accepter soi-même, savoir cohabiter avec ses propres limites, y compris se pardonner, pour pouvoir avoir cette même attitude envers les autres.

108. Mais cela suppose l'expérience d'être pardonné par Dieu, justifié gratuitement et non pour nos mérites. Nous avons été touchés par un amour précédant toute œuvre de notre part, qui donne toujours une nouvelle chance, promeut et stimule. Si nous acceptons que l'amour de Dieu est inconditionnel, que la tendresse du Père n'est ni à acheter ni à payer, alors nous pourrons aimer par-dessus tout, pardonner aux autres, même quand ils ont été injustes contre nous. Autrement, notre vie en famille cessera d'être un lieu de compréhension, d'accompagnement et de stimulation ; et elle sera un espace de tension permanente et de châtiment mutuel

Se réjouir avec les autres

109. L'expression *xairei epi te adikía* désigne quelque chose de négatif installé dans le secret du cœur de la personne. C'est l'attitude méchante de celui qui se réjouit quand il voit quelqu'un subir une injustice. La phrase est complétée par la suivante, qui le dit de manière positive : *sygxairei te alétheia* : se réjouir de la vérité. C'est-à-dire, se réjouir du bien de l'autre, quand on reconnaît sa dignité, quand on valorise ses capacités et ses œuvres bonnes.

Cela est impossible pour celui qui a besoin de toujours se comparer ou qui est en compétition, même avec le conjoint, au point de se réjouir secrètement de ses échecs.

110. Quand une personne qui aime peut faire du bien à une autre, ou quand il voit que la vie va bien pour l'autre, elle le vit avec joie, et de cette manière elle rend gloire à Dieu, parce que « Dieu aime celui qui donne avec joie » (*2Co* 9, 7). Notre Seigneur apprécie de manière spéciale celui qui se réjouit du bonheur de l'autre. Si nous n'alimentons pas notre capacité de nous réjouir du bien de l'autre, et surtout si nous nous concentrons sur nos propres besoins, nous nous condamnons à vivre avec peu de joie, puisquc, comme l'a dit Jésus : « Il y a plus de bonheur à donner qu'à recevoir » (*Ac* 20, 35). La famille doit toujours être un lieu où celui qui obtient quclque chose de bon dans la vie, sait qu'on le fêtera avec lui.

L'amour excuse tout

111. La liste est complétée par quatre expressions qui parlent d'une totalité : "tout" ; excuse tout, croit tout, espère tout, supporte tout. Ainsi est mis en évidence avec force le dynamisme propre à la contre-culture de l'amour, capable de faire face à tout ce qui peut le menacer.

112. En premier lieu, il est dit que l'amour "excuse tout" (*panta stégei*). Cela est différent de « ne tient pas compte du mal », parce que ce terme a un rapport avec l'usage de la langue ; il peut signifier "garder le silence" sur le mal qu'il peut y avoir dans une autre personne. Cela implique

de limiter le jugement, contenir le penchant à lancer une condamnation dure et implacable : « ne condamnez pas, et vous ne serez pas condamnés » (*Lc* 6, 37). Bien que cela aille à l'encontre de notre usage habituel de la langue, la Parole de Dieu nous demande : « Ne médisez pas les uns des autres » (*Jc* 4, 11). Éviter de porter atteinte à l'image de l'autre est une manière de renforcer la sienne propre, de se vider des rancœurs et des envies sans tenir compte de l'importance du dommage que nous causons. Souvent on oublie que la diffamation peut être un grand péché, une sérieuse offense à Dieu, lorsqu'elle touche gravement la bonne réputation des autres, leur causant des torts difficiles à réparer. C'est pourquoi la Parole de Dieu est si dure contre la langue, en disant que « c'est le monde du mal » qui « souille tout le corps » (*Jc* 3, 6), comme « un fléau sans repos, plein d'un venin mortel » (*Jc* 3, 8). Si « par elle nous maudissons les hommes faits à l'image de Dieu » (*Jc* 3, 9), l'amour a souci de l'image des autres, avec une délicatesse qui conduit à préserver même la bonne réputation des ennemis. En défendant la loi divine, on ne doit jamais perdre de vue cette exigence de l'amour.

113. Les époux, qui s'aiment et s'appartiennent, parlent en bien l'un de l'autre, ils essayent de montrer le bon côté du conjoint au-delà de ses faiblesses et de ses erreurs. En tout cas, ils gardent le silence pour ne pas nuire à son image. Cependant ce n'est pas seulement un geste extérieur, mais cela provient d'une attitude intérieure. Ce n'est pas non plus la naïveté de celui qui prétend ne pas voir les difficultés et les points faibles de l'autre, mais la perspicacité de celui qui replace ces faiblesses et ces

erreurs dans leur contexte. Il se rappelle que ces défauts ne sont qu'une partie, non la totalité, de l'être de l'autre. Un fait désagréable dans la relation n'est pas la totalité de cette relation. Par conséquent, on peut admettre avec simplicité que nous sommes tous un mélange complexe de lumières et d'ombres. L'autre n'est pas seulement ce qui me dérange. Il est beaucoup plus que cela. Pour la même raison, je n'exige pas que son amour soit parfait pour l'apprécier. Il m'aime comme il est et comme il peut, avec ses limites, mais que son amour soit imparfait ne signifie pas qu'il est faux ou qu'il n'est pas réel. Il est réel, mais limité et terrestre. C'est pourquoi, si je lui en demande trop, il me le fera savoir d'une manière ou d'une autre, puisqu'il ne pourra accepter ni de jouer le rôle d'un être divin, ni d'être au service de toutes mes nécessités. L'amour cohabite avec l'imperfection, il l'excuse, et il sait garder le silence devant les limites de l'être aimé.

L'amour fait confiance

114. *Panta pisteuei*: [l'amour] "croit tout". En raison du contexte, on ne doit pas comprendre cette "foi" dans le sens théologique, mais dans le sens courant de "confiance". Il ne s'agit pas seulement de ne pas suspecter l'autre de me mentir ou de me tromper. Cette confiance de base reconnaît la lumière allumée par Dieu qui se cache derrière l'obscurité, ou la braise qui brûle encore sous la cendre.

115. Cette même confiance permet une relation de liberté. Il n'est pas nécessaire de contrôler l'autre, de suivre

minutieusement ses pas pour éviter qu'il nous échappe. L'amour fait confiance, il préserve la liberté, il renonce à tout contrôler, à posséder, à dominer. Cette liberté qui rend possibles des espaces d'autonomie, d'ouverture au monde et de nouvelles expériences, permet que la relation s'enrichisse et ne se transforme pas en une endogamie sans horizons. Ainsi les conjoints, en se retrouvant, peuvent vivre la joie de partager ce qu'ils ont reçu et appris hors du cercle familial. En même temps, cela favorise la sincérité et la transparence, car lorsque quelqu'un sait que les autres ont confiance en lui et valorisent la bonté fondamentale de son être, il se montre alors tel qu'il est, sans rien cacher. Celui qui sait qu'on se méfie toujours de lui, qu'on le juge sans compassion, qu'on ne l'aime pas de manière inconditionnelle, préférera garder ses secrets, cacher ses chutes et ses faiblesses, feindre ce qu'il n'est pas. En revanche, une famille où règne fondamentalement une confiance affectueuse, et où on se refait toujours confiance malgré tout, permet le jaillissement de la véritable identité de ses membres et fait que, spontanément, on rejette la tromperie, la fausseté ou le mensonge.

L'amour espère

116. *Panta elpízei* : il ne désespère pas de l'avenir. Relié au mot qui précède, cela désigne l'espérance de celui qui sait que l'autre peut changer. Il espère toujours qu'une maturation est possible, un jaillissement surprenant de la beauté, que les potentialités les plus cachées de son être germent un jour. Cela ne signifie pas que tout va changer dans cette vie. Cela implique d'accepter que certaines

choses ne se passent pas comme on le désire, mais que peut-être Dieu écrit droit avec des lignes courbes et sait tirer quelque bien des maux qu'il n'arrive pas à vaincre sur cette terre.

117. Ici, l'espérance est présente dans tout son sens, parce qu'elle inclut la certitude d'une vie au-delà de la mort. Cette personne, avec toutes ses faiblesses, est appelée à la plénitude du ciel. Là, complètement transformée par la résurrection du Christ, ses fragilités n'existeront plus, ni ses obscurités, ni ses pathologies. Là, le véritable être de cette personne brillera avec toute sa puissance de bien et de beauté. Cela nous permet aussi, au milieu des peines de cette terre, de contempler cette personne avec un regard surnaturel, à la lumière de l'espérance, et d'espérer cette plénitude qu'elle recevra un jour dans le Royaume du ciel, bien que cela ne soit pas visible maintenant.

L'amour supporte tout

118. *Panta hypoménei* signifie supporter, dans un esprit positif, toutes les contrariétés. C'est se maintenir ferme au milieu d'un environnement hostile. Cela ne consiste pas seulement à tolérer certaines choses contrariantes, mais c'est quelque chose de plus large : une résistance dynamique et constante, capable de surmonter tout défi. C'est l'amour en dépit de tout, même quand tout le contexte invite à autre chose. Il manifeste une part d'héroïsme tenace, de puissance contre tout courant négatif, une option pour le bien que rien ne peut abattre. Cela me rappelle ces paroles de Martin Luther King, quand

il refaisait le choix de l'amour fraternel même au milieu des pires persécutions et humiliations : « Celui qui te hait le plus a quelque chose de bon en lui ; même la nation qui te hait le plus a quelque chose de bon en elle ; même la race qui te hait le plus a quelque chose de bon en elle. Et lorsque tu arrives au stade où tu peux regarder le visage de chaque homme et y voir ce que la religion appelle "l'image de Dieu", tu commences à l'aimer en dépit de [tout]. Peu importe ce qu'il fait, tu vois en lui l'image de Dieu. Il y a un aspect de la bonté dont tu ne peux jamais te défaire [...]. Voici une autre façon d'aimer ton ennemi : lorsque tu as l'occasion d'infliger une défaite à ton ennemi, c'est le moment de ne pas le faire [...]. Lorsque tu élèves le niveau de l'amour, de sa grande beauté et de sa puissance, tu cherches à vaincre uniquement les mauvais systèmes. Les individus qui sont pris dans ce système, tu les aimes, mais tu cherches à vaincre le système [...]. Haine contre haine ne fait qu'intensifier l'existence de la haine et du mal dans l'univers. Si je te frappe et tu me frappes et je te frappe en retour et tu me frappes encore et ainsi de suite, tu vois, cela se poursuit à l'infini. Évidemment, ça ne finit jamais. Quelque part, quelqu'un doit avoir un peu de bon sens, et c'est celui-là qui est fort. Le fort, c'est celui qui peut rompre l'engrenage de la haine, l'engrenage du mal [...]. Quelqu'un doit être assez religieux et assez sage pour le rompre et injecter dans la structure même de l'univers cet élément fort et puissant qu'est l'amour[114] ».

---

114 *Sermon à l'église baptiste de l'Avenue Dexter*, à Montgomery (Alabama), 17 novembre 1957.

119. Dans la vie de famille, il faut cultiver cette force de l'amour qui permet de lutter contre le mal qui la menace. L'amour ne se laisse pas dominer par la rancœur, le mépris envers les personnes, le désir de faire du mal ou de se venger. L'idéal chrétien, et particulièrement dans la famille, est un amour en dépit de tout. J'admire parfois, par exemple, l'attitude de personnes qui ont dû se séparer de leur conjoint pour se préserver de la violence physique, et qui cependant, par charité conjugale qui sait aller au-delà des sentiments, ont été capables de leur faire du bien – même si c'est à travers d'autres personnes – en des moments de maladie, de souffrance ou de difficulté. Cela aussi est un amour en dépit de tout.

Grandir dans la charité conjugale

120. L'hymne de saint Paul, que nous avons parcouru, nous permet de passer à la charité conjugale. C'est l'amour qui unit les époux[115], sanctifié, enrichi et éclairé par la grâce du sacrement de mariage. C'est une « union affective[116] », spirituelle et oblative, mais qui inclut la tendresse de l'amitié et la passion érotique, bien qu'elle soit capable de subsister même lorsque les sentiments et la passion s'affaiblissent. Le Pape Pie XI enseignait que cet amour imprègne tous les devoirs de la vie conjugale et « a

115 Saint Thomas d'Aquin conçoit l'amour comme « *vis unitiva* » *(Somme Théologique* I, 20, art. 1, ad 3), en reprenant une expression de Diogène Ps.-Aeropagite (*De divinibus nominibus,* IV, *PG 3,* p. 709).

116 Thomas d'Aquin, *Somme Théologique* II-II, q. 27, art. 2.

une sorte de primauté de noblesse[117] ». En effet, cet amour fort, répandu par l'Esprit Saint, est un reflet de l'Alliance inébranlable entre le Christ et l'humanité qui culmine dans le don total, sur la croix : « L'Esprit, que répand le Seigneur, leur donne un cœur nouveau et rend l'homme et la femme capables de s'aimer, comme le Christ nous a aimés. L'amour conjugal atteint cette plénitude à laquelle il est intérieurement ordonné, la charité conjugale[118] ».

121. Le mariage est un signe précieux, parce que « lorsqu'un homme et une femme célèbrent le sacrement de mariage, Dieu pour ainsi dire, se "reflète" en eux, il imprime en eux ses traits et le caractère indélébile de son amour. Le mariage est l'icône de l'amour de Dieu pour nous. En effet, Dieu lui aussi est communion : les trois personnes du Père, du Fils et du Saint Esprit vivent depuis toujours et pour toujours en unité parfaite. Et c'est précisément cela le mystère du mariage : Dieu fait des deux époux une seule existence[119] ». Cela a des conséquences quotidiennes et très concrètes, car les époux « en vertu du sacrement, sont investis d'une véritable mission, pour qu'ils puissent rendre visible, à partir des choses simples, ordinaires, l'amour avec lequel le Christ aime son Église, en continuant à donner sa vie pour elle[120] ».

---

117 Lettre enc. *Casti connubii* (31 décembre 1930) : *AAS 22 (*1930), pp. 547-548.

118 Jean-Paul II, Exhort. *Familiaris consortio* (22 novembre 1981), n. 13 : *AAS 74* (1982), p. 94.

119 *Catéchèse* (2 avril 2014) : *L'Osservatore Romano,* éd. en langue française (3 avril 2014), p. 2.

120 *Ibid.*

122. Cependant, il ne faut pas confondre des plans différents : il ne faut pas faire peser sur deux personnes ayant leurs limites la terrible charge d'avoir à reproduire de manière parfaite l'union qui existe entre le Christ et son Église ; parce que le mariage, en tant que signe, implique « un processus dynamique qui va peu à peu de l'avant grâce à l'intégration progressive des dons de Dieu[121] ».

Toute la vie, tout en commun

123. Après l'amour qui nous unit à Dieu, l'amour conjugal est « la plus grande des amitiés[122] ». C'est une union qui a toutes les caractéristiques d'une bonne amitié : la recherche du bien de l'autre, l'intimité, la tendresse, la stabilité, et une ressemblance entre les amis qui se construit avec la vie partagée. Mais le mariage ajoute à tout cela une exclusivité indissoluble – qui s'exprime dans le projet stable de partager et de construire ensemble toute l'existence. Soyons sincères et reconnaissons les signes de la réalité : celui qui aime n'envisage pas que cette relation puisse durer seulement un temps ; celui qui vit intensément la joie de se marier ne pense pas à quelque chose de passager ; ceux qui assistent à la célébration d'une union pleine d'amour, bien que fragile, espèrent qu'elle pourra durer dans le temps ; les enfants, non seulement veulent que leurs parents s'aiment, mais aussi qu'ils soient fidèles et restent toujours ensemble. Ces signes, et

---

121 Jean-Paul II, Exhort. apost. *Familiaris consortio* (22 novembre 1981), n. 9 : *AAS 74* (1982), p. 90.

122 Thomas d'Aquin, *Somme contre les Gentils, III, 123;* cf. Aristote, É*thique à Nicomaque,* 8, 12 (éd. Bywater, Oxford 1984, p. 174).

d'autres, montrent que dans la nature même de l'amour conjugal il y a l'ouverture au définitif. L'union qui se cristallise dans la promesse matrimoniale pour toujours est plus qu'une formalité sociale ou une tradition, parce qu'elle s'enracine dans les inclinations spontanées de la personne humaine. Et pour les croyants, c'est une alliance devant Dieu qui réclame fidélité : « Le Seigneur est témoin entre toi et la femme de ta jeunesse que tu as trahie, bien qu'elle fût ta compagne et la femme de ton alliance [...]. La femme de ta jeunesse, ne la trahis point ! car je hais la répudiation » (*Ml* 2, 14.15-16).

124. Un amour faible ou défectueux, incapable d'accepter le mariage comme un défi qui exige de lutter, de renaître, de se réinventer et de recommencer jusqu'à la mort, ne peut soutenir un haut niveau d'engagement. Il cède devant la culture du provisoire qui empêche un processus de croissance constant. Mais « promettre un amour qui soit pour toujours est possible quand on découvre un dessein plus grand que ses propres projets, qui nous soutient et nous permet de donner l'avenir tout entier à la personne aimée[123] ». Que cet amour puisse traverser toutes les épreuves et se maintenir fidèle envers et contre tout suppose le don de la grâce qui le fortifie et l'élève. Comme disait saint Robert Bellarmin : « Le fait qu'on s'unisse à une seule personne par un lien indissoluble, en sorte qu'on ne puisse pas se séparer, quelles que soient les difficultés et même lorsqu'on a

123 Lettre enc. *Lumen fidei* (29 juin 2013), n. 52 : *AAS 105* (2013), p. 590.

perdu l'espérance de la procréation, ne peut se concrétiser sans un grand mystère[124] ».

125. De plus, le mariage est une amitié qui inclut les notes propres à la passion, mais constamment orientée vers une union toujours plus solide et intense. Car « il n'est pas institué en vue de la seule procréation » mais pour que l'amour mutuel « s'exprime dans sa rectitude, progresse et s'épanouisse[125] ». Cette amitié particulière entre un homme et une femme prend un caractère totalisant qui se trouve seulement dans l'union conjugale. Précisément parce qu'elle est totalisante, cette union est aussi exclusive, fidèle et ouverte à la procréation. On partage tout, même la sexualité toujours dans le respect réciproque. Le Concile Vatican II l'a exprimé en disant qu'en « associant l'humain et le divin, un tel amour conduit les époux à un don libre et mutuel d'eux-mêmes, qui se manifeste par des sentiments et des gestes de tendresse et il imprègne toute leur vie[126] ».

Joie et beauté

126. Dans le mariage il convient de garder la joie de l'amour. Quand la recherche du plaisir est obsessionnelle, elle nous enferme dans une seule chose et nous empêche de trouver un autre genre de satisfaction. La joie, en

124 *De Sacramento matrimonii, I, 2, dans* Id. *Disputatines,* III, 5, 3 (éd. Giuliano, Naples 1858, p. 778).
125 Conc. Œcum. Vat. II, Const. past. *Gaudium et spes,* sur l'Église dans le monde de ce temps, n. 50.
126 *Ibid., n. 49.*

revanche, élargit la capacité de jouir et nous permet de trouver du plaisir dans des réalités variées, même aux étapes de la vie où le plaisir s'éteint. C'est pourquoi saint Thomas disait qu'on utilise le mot "joie" pour désigner la dilatation du cœur[127]. La joie matrimoniale, qui peut être vécue même dans la douleur, implique d'accepter que le mariage soit un mélange nécessaire de satisfactions et d'efforts, de tensions et de repos, de souffrances et de libérations, de satisfactions et de recherches, d'ennuis et de plaisirs, toujours sur le chemin de l'amitié qui pousse les époux à prendre soin l'un de l'autre : ils « s'aident et se soutiennent mutuellement[128] ».

127. L'amour d'amitié s'appelle "charité" quand on saisit et apprécie la "grande valeur" de l'autre[129]. La beauté – la "grande valeur" de l'autre qui ne coïncide pas avec ses attraits physiques ou psychologiques – nous permet d'expérimenter la sacralité de sa personne, sans l'impérieuse nécessité de la posséder. Dans la société de consommation, le sens esthétique s'appauvrit, et ainsi la joie s'éteint. Tout est fait pour être acheté, possédé ou consommé ; les personnes aussi. La tendresse, en revanche est une manifestation de cet amour qui se libère du désir de possession égoïste. Elle nous conduit à vibrer face à une personne avec un immense respect et avec une certaine peur de lui faire du tort ou de la priver de sa liberté. L'amour de l'autre implique ce goût

127 Cf. *Somme Théologique* I-II, q. 31, art. 3, ad. 3.

128 Conc. Œcum. Vat. II, Const. past. *Gaudium et spes,* sur l'Église dans le monde de ce temps, n. 48.

129 Thomas d'Aquin, *Somme Théologique* I-II, q. 26, art. 3.

de contempler et de valoriser le beau et la sacralité de son être personnel, qui existe au-delà de mes nécessités. Cela me permet de chercher son bien quand je sais qu'il ne peut être à moi ou quand il est devenu physiquement laid, agressif ou gênant. Voilà pourquoi « c'est parce qu'on aime une personne qu'on lui fait don de quelque chose[130] ».

128. L'expérience esthétique de l'amour s'exprime dans ce regard qui contemple l'autre comme un fin en soi, même s'il est malade, vieux ou privé d'attraits perceptibles. Le regard qui valorise a une énorme importance, et le refuser fait, en général, du tort. Que ne font pas parfois les conjoints et les enfants pour être regardés et pris en compte ! Beaucoup de blessures et de crises ont pour origine le fait que nous arrêtons de nous contempler. C'est ce qu'expriment certaines plaintes ou réclamations qu'on entend dans les familles : "Mon époux ne me regarde pas, il semble que je suis invisible pour lui". "S'il te plaît, regarde-moi quand je te parle". "Mon épouse ne me regarde plus, elle n'a d'yeux, désormais, que pour ses enfants". "Dans ma maison, je ne compte pour personne, ils ne me voient même pas, comme si je n'existais pas". L'amour ouvre les yeux et permet de voir, au-delà de tout, combien vaut un être humain.

129. La joie de cet amour contemplatif doit être cultivée. Puisque nous sommes faits pour aimer, nous savons qu'il n'y a pas de plus grande joie que dans un bien partagé :

130 *Ibid.*, q. 110, art. 1.

« Offre et reçois, trompe tes soucis, ce n'est pas au shéol qu'on peut chercher la joie » (*Si* 14, 16). Les joies les plus intenses de la vie jaillissent quand on peut donner du bonheur aux autres, dans une anticipation du ciel. Il faut rappeler la joyeuse scène du film *Le festin de Babette*, où la généreuse cuisinière reçoit une étreinte reconnaissante et un éloge : « Avec toi, comme les anges se régaleront ! ». Elle est douce et réconfortante la joie de contribuer à faire plaisir aux autres, de les voir prendre plaisir. Cette satisfaction, effet de l'amour fraternel, n'est pas celle de la vanité de celui qui se regarde lui-même, mais celle de celui qui aime, se complaît dans le bien de l'être aimé, se répand dans l'autre et devient féconde en lui.

130. D'autre part, la joie se renouvelle dans la souffrance. Comme le disait saint Augustin, « plus le danger a été grand dans le combat, plus intense est la joie dans le triomphe[131] ». Après avoir souffert et lutté unis, les conjoints peuvent expérimenter que cela en valait la peine, parce qu'ils sont parvenus à quelque chose de bon, qu'ils ont appris quelque chose ensemble, ou parce qu'ils peuvent mieux valoriser ce qu'ils ont. Peu de joies humaines sont aussi profondes et festives que lorsque deux personnes qui s'aiment ont conquis ensemble quelque chose qui leur a coûté un grand effort commun.

131 *Confessions*, VIII, III, 7 : *PL* 32, 752.

Se marier par amour

131. Je voudrais dire aux jeunes que rien de tout cela n'est compromis lorsque l'amour emprunte la voie de l'institution matrimoniale. L'union trouve dans cette institution la manière d'orienter sa stabilité et sa croissance réelle et concrète. Certes, l'amour est beaucoup plus qu'un consentement externe, ou une sorte de contrat matrimonial ; mais il est certain aussi que la décision de donner au mariage une configuration visible dans la société, par certains engagements, a son importance : cela montre le sérieux de l'identification avec l'autre, indique une victoire sur l'individualisme de l'adolescence, et exprime la ferme décision de s'appartenir l'un l'autre. Se marier est un moyen d'exprimer qu'on a réellement quitté le nid maternel pour tisser d'autres liens solides et assumer une nouvelle responsabilité envers une autre personne. Cela vaut beaucoup plus qu'une simple association spontanée en vue d'une gratification mutuelle, qui serait une privatisation du mariage. Le mariage, en tant qu'institution sociale, est une protection et le fondement de l'engagement mutuel, de la maturation de l'amour, afin que l'option pour l'autre grandisse en solidité, dans le concret et en profondeur, et pour qu'il puisse, en retour, accomplir sa mission dans la société. C'est pourquoi le mariage va au-delà de toutes les modes passagères et perdure. Son essence est enracinée dans la nature même de la personne humaine et de son caractère social. Il implique une série d'obligations, mais qui jaillissent de l'amour même, un amour si déterminé et si généreux qu'il est capable de risquer l'avenir.

132. Choisir le mariage de cette manière, exprime la décision réelle et effective de faire converger deux chemins en un unique chemin, quoiqu'il arrive et face à n'importe quel défi. En raison du sérieux de cet engagement public de l'amour, il ne peut pas être une décision précipitée ; mais pour cette même raison, on ne peut pas non plus le reporter indéfiniment. S'engager avec l'autre de manière exclusive et définitive comporte toujours une part de risque et de pari audacieux. Le refus d'assumer cet engagement est égoïste, intéressé, mesquin, il s'éternise dans la reconnaissance des droits de l'autre et n'en finit pas de le présenter à la société comme digne d'être aimé inconditionnellement. Par contre, ceux qui sont vraiment amoureux tendent à le manifester aux autres. L'amour concrétisé dans le mariage contracté devant les autres, avec tous les engagements qui dérivent de cette institutionnalisation, est la manifestation et le gage d'un « oui » qui se dit sans réserves et sans restrictions. Ce oui signifie assurer l'autre qu'il pourra toujours avoir confiance, qu'il ne sera pas abandonné quand il perdra son attrait, quand il aura des difficultés ou quand se présenteront de nouvelles occasions de plaisirs ou d'intérêts égoïstes.

L'amour qui se manifeste et qui grandit

133. L'amour d'amitié unifie tous les aspects de la vie matrimoniale, et il aide les membres de la famille à aller de l'avant à toutes les étapes. C'est pourquoi les gestes qui expriment cet amour doivent être cultivés constamment, sans mesquinerie, accompagnés par des paroles d'affection. En famille « il est nécessaire d'utiliser trois mots. Je veux

le répéter, trois mots : permission, merci, excuse, Trois mots-clés ![132] ». « Quand, dans une famille, on n'est pas envahissant et que l'on demande "s'il te plaît", quand, dans une famille, on n'est pas égoïste et que l'on apprend à dire "merci", quand, dans une famille, quelqu'un s'aperçoit qu'il a fait quelque chose de mal et sait dire "excuse-moi", dans cette famille il y a la paix et la joie[133] ». Ne soyons pas avares de ces mots, soyons généreux à les répéter jour après jour, parce qu'« ils sont pénibles certains silences, parfois en famille, entre mari et femme, entre parents et enfants, entre frères[134] ». En revanche, les mots adéquats, dits au bon moment, protègent et alimentent l'amour, jour après jour.

134. Tout ceci se réalise dans un parcours de croissance permanente. Cette forme si particulière de l'amour qu'est le mariage est appelée à une constante maturation, parce qu'il faut toujours lui appliquer ce que saint Thomas d'Aquin disait de la charité : « En effet, la charité, considérée dans sa nature spécifique propre, n'a rien qui limite son accroissement, car elle est une participation de la charité infinie qui est l'Esprit Saint [...]. Du côté du sujet, on ne saurait non plus fixer de terme à l'accrois-

132 *Discours aux familles du monde à l'occasion de leur pèlerinage à Rome en l'Année de la Foi* (26 octobre 2013) : *L'Osservatore Romano,* éd. en langue française, 31 octobre 2013, p. 8.

133 *Angelus* (29 décembre 2013) : *L'Osservatore Romano,* éd. en langue française, 2 janvier 2014, p. 5.

134 *Discours aux familles du monde à l'occasion de leur pèlerinage à Rome en l'Année de la Foi* (26 octobre 2013) : *L'Osservatore Romano,* éd. en langue française, 31 octobre 2013, p. 8.

sement de la charité ; car, toujours, la charité augmentant, l'aptitude à augmenter encore s'accroît d'autant plus[135] ». Saint Paul exhortait avec force : « Que le Seigneur vous fasse croître et abonder dans l'amour que vous avez les uns envers les autres » (*1 Th* 3, 12) ; et il ajoute : « Sur l'amour fraternel [...], nous vous engageons, frères, à faire encore des progrès » (*1 Th* 4, 9-10). Encore des progrès. L'amour matrimonial ne se préserve pas avant tout en parlant de l'indissolubilité comme une obligation, ou en répétant une doctrine, mais en le consolidant grâce à un accroissement constant sous l'impulsion de la grâce. L'amour qui ne grandit pas commence à courir des risques, et nous ne pouvons grandir qu'en répondant à la grâce divine par davantage de gestes d'amour, par des gestes de tendresse plus fréquents, plus intenses, plus généreux, plus tendres, plus joyeux. Le mari et la femme « prennent conscience de leur unité et l'approfondissent sans cesse davantage[136] ». Le don de l'amour divin qui se répand sur les époux est en même temps un appel à un développement constant de ce bienfait de la grâce.

135. Certaines illusions sur un amour idyllique et parfait, privé ainsi de toute stimulation pour grandir, ne font pas de bien. Un idéal céleste de l'amour terrestre oublie que le mieux c'est ce qui n'est pas encore atteint, le vin bonifié avec le temps. Comme l'ont rappelé les Évêques du Chili, « les familles parfaites que nous propose une propagande mensongère et consumériste, n'existent pas.

---

135 *Somme Théologique* II-II, q. 24, art. 7.

136 Conc. Œcum. Vat. II, Const. past. *Gaudium et spes*, sur l'Église dans le monde de ce temps, n. 48.

Dans ces familles, les années ne passent pas, la maladie, la douleur et la mort n'existent pas [...]. La propagande consumériste présente une illusion qui n'a rien à voir avec la réalité que doivent affronter jour après jour les hommes et les femmes en charge d'une famille[137] ». Il est plus sain d'accepter, avec réalisme, les limites, les défis ainsi que les imperfections, et d'écouter l'appel à grandir ensemble, à faire mûrir l'amour et à cultiver la solidité de l'union quoi qu'il arrive.

Le dialogue

136. Le dialogue est une manière privilégiée et indispensable de vivre, d'exprimer et de faire mûrir l'amour, dans la vie matrimoniale et familiale. Mais il suppose un apprentissage long et difficile. Hommes et femmes, adultes et jeunes, ont des manières différentes de communiquer, utilisent un langage différent, agissent selon des codes distincts. La manière de poser les questions, la manière de répondre, le ton utilisé, le moment, et beaucoup d'autres facteurs peuvent conditionner la communication. De plus, il est toujours nécessaire de cultiver certaines attitudes qui expriment l'amour et permettent un dialogue authentique.

137. Se donner du temps, du temps de qualité, qui consiste à écouter avec patience et attention, jusqu'à ce que l'autre ait exprimé tout ce qu'il a sur le cœur, demande l'ascèse de ne pas commencer à parler avant le

---

137 Conférence Épiscopale du Chili, *La vida y la familia: regalos de Dios para cada uno de nosotros* (21 juillet 2014).

moment opportun. Au lieu de commencer à donner des avis ou des conseils, il faut s'assurer d'avoir écouté tout ce que l'autre avait besoin d'extérioriser. Cela implique de faire le silence intérieur pour écouter sans bruit dans le cœur, ou dans l'esprit : se défaire de toute hâte, laisser de côté ses propres besoins et ses urgences, faire de la place. Souvent, l'un des conjoints n'a pas besoin d'une solution à ses problèmes, mais il a besoin d'être écouté. Il veut sentir qu'ont été pris en compte sa peine, sa désillusion, sa crainte, sa colère, son espérance, son rêve. Mais ces plaintes sont fréquentes : "Il ne m'écoute pas. Quand il semble le faire, en réalité il pense à autre chose". "Je lui parle et je sens qu'il espère que j'en finisse le plus vite possible". "Quand je lui parle, elle essaye de changer de sujet, ou elle me donne des réponses expéditives pour clore la conversation".

138. Cultiver l'habitude d'accorder une réelle importance à l'autre. Il s'agit de valoriser sa personne, de reconnaître qu'il a le droit d'exister, de penser de manière autonome et d'être heureux. Il ne faut jamais sous-estimer l'importance de ce qu'il dit ou demande, bien qu'il soit nécessaire d'exprimer son propre point de vue. La conviction que chacun a quelque chose à apporter est ici sous-jacente, parce que chacun a une expérience différente de la vie, parce que chacun regarde d'un point de vue différent, a des inquiétudes différentes et a des aptitudes ainsi que des intuitions différentes. Il est possible de reconnaître la vérité de l'autre, l'importance de ses préoccupations les plus profondes, et l'arrière-plan de ce qu'il dit, y compris au-delà des paroles agressives. Pour y parvenir, il faut

essayer de se mettre à sa place et interpréter ce qu'il y a au fond de son cœur, déceler ce qui le passionne, et prendre cette passion comme point de départ pour approfondir le dialogue.

139. Il faut de l'ouverture d'esprit pour ne pas s'enfermer avec obsession dans quelques idées, et il faut de la souplesse afin de pouvoir modifier ou compléter ses propres opinions. Il est possible qu'à partir de ma pensée et de celle de l'autre, puisse surgir une nouvelle synthèse qui nous enrichit tous deux. L'unité à laquelle il faut aspirer n'est pas uniformité, mais une "unité dans la diversité" ou une "diversité réconciliée". Dans ce type enrichissant de communion fraternelle, les différences se croisent, se respectent et se valorisent, mais en conservant différentes notes et différents accents qui enrichissent le bien commun. Il faut se libérer de l'obligation d'être égaux. Il faut également du flair pour se rendre compte à temps des "interférences" qui peuvent apparaître, pour qu'elles ne détruisent pas un processus de dialogue. Par exemple, reconnaître les mauvais sentiments qui apparaissent et les relativiser pour qu'ils ne portent pas préjudice à la communication. La capacité d'exprimer ce qu'on ressent sans blesser est importante ; utiliser un langage et une manière de parler qui peuvent être plus facilement acceptés et tolérés par l'autre, bien que le contenu soit exigeant ; faire part de ses propres reproches mais sans déverser sa colère comme une forme de vengeance, et éviter un langage moralisant qui cherche seulement à agresser, ironiser, culpabiliser, blesser. Beaucoup de discussions dans le couple ne portent pas sur des questions très graves.

Parfois il s'agit de petites choses, de peu d'importance, mais ce qui altère les esprits, c'est la manière de les dire ou l'attitude adoptée dans le dialogue.

140. Il faut des gestes de prévenance envers l'autre et des marques d'affection. L'amour surpasse les pires barrières. Quand nous aimons quelqu'un, ou quand nous nous sentons aimés par lui, nous arrivons à mieux comprendre ce qu'il veut exprimer et à nous faire comprendre. Il faut surmonter la fragilité qui nous porte à avoir peur de l'autre comme s'il était un "concurrent". Il est très important de fonder sa propre sécurité sur des options profondes, des convictions ou des valeurs, et non pas sur le fait de l'emporter dans la discussion ou qu'on nous donne raison.

141. Finalement, reconnaissons que pour que le dialogue en vaille la peine, il faut avoir quelque chose à dire, et ceci demande une richesse intérieure qui soit alimentée par la lecture, la réflexion personnelle, la prière et l'ouverture à la société. Autrement, les conversations deviennent ennuyeuses et inconsistantes. Quand chacun des conjoints ne se cultive pas, et quand il n'existe pas une variété de relations avec d'autres personnes, la vie familiale devient un cercle fermé et le dialogue s'appauvrit.

Un amour passionné

142. Le Concile Vatican II enseigne que cet amour conjugal « enveloppe le bien de la personne tout entière ; il peut donc enrichir d'une dignité particulière les

expressions du corps et de la vie psychique et les valoriser comme les éléments et les signes spécifiques de l'amitié conjugale[138] ». Ce n'est pas pour rien qu'un amour sans plaisir ni passion n'est pas suffisant pour symboliser l'union du cœur humain avec Dieu : « Tous les mystiques ont affirmé que dans l'amour matrimonial plus que dans l'amitié, plus que dans le sentiment filial ou que dans le dévouement serviteur, l'amour surnaturel et l'amour céleste trouvent les symboles qu'ils cherchent. La raison en est précisément dans sa totalité[139] ». Pourquoi ne pas nous arrêter alors pour parler des sentiments et de la sexualité dans le mariage ?

Le monde des émotions

143. Désirs, sentiments, émotions, ce que les classiques appellent les "passions", ont une place importante dans le mariage. Ils se produisent quand "l'autre" se rend présent et se manifeste dans notre vie. C'est le propre de tout être vivant que de tendre vers autre chose, et cette tendance a toujours des signes affectifs de base : le plaisir ou la douleur, la joie ou la peine, la tendresse ou la crainte. Ils sont le présupposé de l'activité psychologique la plus élémentaire. L'être humain est un être vivant de cette terre, et tout ce qu'il fait et cherche est chargé de passions.

144. Jésus, en tant que vrai homme, vivait les choses avec une charge émotive. C'est pourquoi le rejet de Jérusalem

---

138 Const. past. *Gaudium et spes,* sur l'Église dans le monde de ce temps, n. 49.

139 A. Sertillanges, *L'amour chrétien,* Paris 1920, p. 174.

lui faisait mal (cf. *Mt* 23,37), et cette situation lui arrachait des larmes (cf. *Lc* 19,41). Il compatissait aussi à la souffrance des personnes (cf. *Mc* 6,34). En voyant pleurer les autres, il était ému et troublé (cf. *Jn* 11,33), et lui-même a pleuré la mort d'un ami (cf. *Jn* 11,35). Ces manifestations de sa sensibilité montraient jusqu'à quel point son cœur humain était ouvert aux autres.

145. Expérimenter une émotion n'est pas une chose moralement bonne ou mauvaise en soi[140]. Commencer à sentir le désir ou le rejet n'est pas peccamineux ni reprochable. C'est l'acte que l'on fait, motivé ou accompagné par une passion, qui est bon ou mauvais. Mais si les sentiments sont cultivés, entretenus, et qu'à cause d'eux nous commettons de mauvaises actions, le mal se trouve dans la décision de les alimenter et dans les actes mauvais qui s'en suivent. Dans la même ligne, le fait que quelqu'un me plaise n'est pas forcément positif. Si avec ce plaisir je cherche à ce que cette personne devienne mon esclave, le sentiment sera au service de mon égoïsme. Croire que nous sommes bons seulement parce que "nous sentons des choses" est une terrible erreur. Il y a des personnes qui se sentent capables d'un grand amour seulement parce qu'elles ont un grand besoin d'affection, mais elles ne savent pas lutter pour le bonheur des autres et vivent enfermées dans leurs propres désirs. Dans ce cas, les sentiments distraient des grandes valeurs et cachent un égocentrisme qui ne permet pas d'avoir une vie de famille saine et heureuse.

---

140 Cf. Thomas d'Aquin, *Somme Théologique* I-II, q. 24, art. 1.

146. D'autre part, si une passion accompagne l'acte libre, elle peut manifester la profondeur de ce choix. L'amour matrimonial conduit à ce que toute la vie émotionnelle devienne un bien pour la famille et soit au service de la vie commune. Une famille arrive à maturité quand la vie émotionnelle de ses membres se transforme en une sensibilité qui ne domine ni n'obscurcit les grandes options et les valeurs, mais plutôt qui respecte la liberté de chacun[141], jaillit d'elle, l'enrichit, l'embellit et la rend plus harmonieuse pour le bien de tous.

Dieu aime l'épanouissement de ses enfants

147. Cela exige un parcours pédagogique, un processus qui inclut des renoncements. C'est une conviction de l'Église qui a été souvent combattue, comme si elle était opposée au bonheur de l'homme. Benoît XVI recueillait ce questionnement avec grande clarté : « l'Église, avec ses commandements et ses interdits, ne nous rend-elle pas amère la plus belle chose de la vie ? N'élève-t-elle pas des panneaux d'interdiction justement là où la joie prévue pour nous par le Créateur nous offre un bonheur qui nous fait goûter par avance quelque chose du Divin ?[142] ». Mais il répond que même si les exagérations ou les ascétismes déviés dans le christianisme n'ont pas manqué, l'enseignement officiel de l'Église, fidèle aux Écritures, n'a pas refusé « l'éros comme tel, mais il a déclaré la guerre à sa

141 Cf. *Ibid.*, q. 59, art. 5.

142 Lettre enc. *Deus caritas est* (25 décembre 2005), n. 3 : *AAS* 98 (2006), pp. 219-220.

déformation destructrice, puisque la fausse divinisation de l'éros [...] le prive de sa dignité, le déshumanise[143] ».

148. L'éducation de l'émotivité et de l'instinct est nécessaire, et pour cela, il est parfois indispensable de se fixer des limites. L'excès, le manque de contrôle, l'obsession pour un seul type de plaisirs finissent par affaiblir et affecter le plaisir lui-même[144], et portent préjudice à la vie de famille. En vérité, on peut réaliser un beau parcours avec les passions, ce qui signifie les orienter toujours davantage dans un projet de don de soi et d'épanouissement personnel intégral qui enrichisse les relations entre les membres de la famille. Cela n'implique pas de renoncer à des moments de bonheur intense,[145] mais de les assumer comme entrelacés avec d'autres moments de don généreux, d'attente patiente, de fatigue inévitable, d'effort pour un idéal. La vie en famille est tout cela et mérite d'être vécue entièrement.

149. Certains courants spirituels insistent sur l'élimination du désir pour se libérer de la douleur. Mais nous croyons que Dieu aime l'épanouissement de l'être humain, qu'il a tout créé « afin que nous en jouissions » (*1 Tm* 6, 17). Laissons jaillir la joie face à sa tendresse quand il nous propose : « Mon fils, traite-toi bien [...]. Ne te refuse pas le bonheur présent » (*Si* 14, 11.14). De la

---

143 *Ibid.*, n. 4 : *AAS* 98 (2006), p. 220.

144 Cf. Thomas d'Aquin, *Somme Théologique* I-II, q. 32, art. 7.

145 Cf. *Ibid.*, II-II, q. 153, art. 2, ad. 2 : « *Abundantia delectationis quae est in actu venereo secundum rationem ordinato, non contrariatur medio virtutis* ».

même manière, un couple répond à la volonté de Dieu en suivant cette invitation biblique : « Au jour du bonheur, sois heureux » (*Qo* 7, 14). Le problème, c'est d'être assez libre pour accepter que le plaisir trouve d'autres formes d'expression dans les différents moments de la vie, selon les besoins de l'amour mutuel. Dans ce sens, on peut accueillir la proposition de certains maîtres orientaux qui insistent sur l'élargissement de la conscience, pour ne pas nous trouver piégés dans une expérience très limitée qui nous ferme les perspectives. Cet élargissement de la conscience n'est pas la négation ni la destruction du désir mais sa dilatation et son perfectionnement.

La dimension érotique de l'amour

150. Tout cela nous conduit à parler de la vie sexuelle du couple. Dieu lui-même a créé la sexualité qui est un don merveilleux fait à ses créatures. Lorsqu'on l'entretient et qu'on évite sa déviance, c'est pour empêcher que ne se produise l'« appauvrissement d'une valeur authentique »[146]. Saint Jean-Paul II a rejeté l'idée que l'enseignement de l'Église conduit à « une négation de la valeur du sexe humain », ou que simplement il le tolère en raison des « exigences d'une nécessaire procréation ».[147] Le besoin sexuel des époux n'est pas objet de mépris, « il

---

146 JEAN-PAUL II, *Catéchèse* (22 octobre 1980), n. 5 : *L'Osservatore Romano*, éd. en langue française, 28 octobre 1980, p. 20.
147 *Ibid.*, n. 3.

ne s'agit, en aucune manière, de mettre en question ce besoin ».[148]

151. À ceux qui craignent que dans l'éducation des passions et de la sexualité on ne nuise à la spontanéité de l'amour sexuel, saint Jean-Paul II répondait que l'être humain « est appelé à la pleine et mûre spontanéité des rapports », qui « est le fruit graduel du discernement des impulsions du propre cœur ».[149] C'est une chose qui se conquiert, puisque tout être humain « avec persévérance et cohérence apprend quelle est la signification du corps ».[150] La sexualité n'est pas un moyen de satisfaction ni de divertissement, puisqu'elle est un langage interpersonnel où l'autre est pris au sérieux, avec sa valeur sacrée et inviolable. Ainsi, « le cœur humain participe, pour ainsi dire, d'une autre spontanéité ».[151] Dans ce contexte, l'érotisme apparaît comme une manifestation spécifiquement humaine de la sexualité. On peut y trouver « la signification conjugale du corps et l'authentique dignité du don ».[152] Dans ses catéchèses sur la théologie du corps humain, saint Jean-Paul II enseigne que la corporalité sexuée « est non seulement une source de fécondité et de procréation » mais qu'elle comprend « la capacité d'exprimer l'amour : cet amour dans lequel précisément

148 Id., *Catéchèse* (24 septembre 1980), n. 4 : *L'Osservatore Romano*, éd. en langue française, 30 septembre 1980, p. 12.

149 *Catéchèse* (12 novembre 1980), n. 2 : *L'Osservatore Romano*, éd. en langue française, 18 novembre 1980, p. 12.

150 *Ibid.*, n. 4.

151 *Ibid.*, n. 5.

152 *Ibid.*, n. 1.

l'homme-personne devient don ».[153] L'érotisme le plus sain, même s'il est lié à une recherche du plaisir, suppose l'émerveillement, et pour cette raison il peut humaniser les pulsions.

152. Par conséquent, nous ne pouvons considérer en aucune façon la dimension érotique de l'amour comme un mal permis ou comme un poids à tolérer pour le bien de la famille, mais comme un don de Dieu qui embellit la rencontre des époux. Étant une passion sublimée par un amour qui admire la dignité de l'autre, elle conduit à être « une pleine et authentique affirmation de l'amour » qui nous montre de quelle merveille est capable le cœur humain, et ainsi pour un moment, « on sent que l'existence humaine a été un succès ».[154]

Violence et manipulation

153. Dans le contexte de cette vision positive de la sexualité, il est opportun d'aborder le thème dans son intégralité et avec un sain réalisme. En effet, nous ne pouvons pas ignorer que, souvent, la sexualité est dépersonnalisée et qu'elle est également affectée par de nombreuses pathologies, de sorte qu'« elle devient toujours davantage occasion et instrument d'affirmation du moi et de satisfaction égoïste des désirs et des instincts ».[155] A notre époque, on sent le risque que

---

153 *Catéchèse* (16 janvier 1980), *n. 1 : L'Osservatore Romano,* éd. en langue française (22 janvier 1980), p. 12.

154 Joseph Pieper, Über di*e Liebe,* München 2014, pp. 174.

155 Jean-Paul II, Lettre enc. *Evangelium vitae* (25 mars 1995), n. 23 : AAS 87 (1995), p. 427.

la sexualité aussi soit affectée par l'esprit vénéneux du « utilise et jette ». Le corps de l'autre est fréquemment manipulé comme une chose que l'on garde tant qu'il offre de la satisfaction, et il est déprécié quand il perd son attrait. Peut-on ignorer ou dissimuler les formes permanentes de domination, d'hégémonie, d'abus, de perversion et de violence sexuelle, qui sont le résultat d'une déviation du sens de la sexualité et qui enterrent la dignité des autres ainsi que l'appel à l'amour sous une obscure recherche de soi-même ?

154. Il n'est pas superflu de rappeler que même dans le mariage la sexualité peut devenir une source de souffrance et de manipulation. C'est pourquoi nous devons réaffirmer avec clarté que l'« acte conjugal imposé au conjoint sans égard à ses conditions et à ses légitimes désirs n'est pas un véritable acte d'amour et contredit par conséquent une exigence du bon ordre moral dans les rapports entre époux ».[156] Les actes propres à l'union sexuelle des conjoints répondent à la nature de la sexualité voulue par Dieu s'ils sont vécus « d'une manière vraiment humaine ».[157] C'est pourquoi saint Paul exhortait : « Que personne en cette matière ne supplante ou ne dupe son frère » (*1Th* 4, 6). Même s'il écrivait à une époque où dominait une culture patriarcale, où la femme était considérée comme un être complètement subordonné à l'homme, il a cependant enseigné que la sexualité doit être objet de conversation entre les conjoints ; il a considéré

---

156 Paul VI, Lettre enc. *Humanae vitae* (25 juillet 1968), n. 13 : AAS 60 (1968), p. 489.

157 Conc. Œcum. Vat. II, Const. past. *Gaudium et spes*, sur l'Église dans le monde de ce temps, n. 49.

la possibilité de reporter momentanément les relations sexuelles, mais « d'un commun accord » (*1Co* 7, 5).

155. Saint Jean-Paul II a fait une remarque très subtile quand il a dit que l'homme et la femme sont « menacés par l'insatiabilité ».[158] C'est-à-dire qu'ils sont appelés à une union toujours plus intense, mais le risque est de vouloir supprimer les différences et cette distance inévitable qu'il y a entre les deux. Car chacun a une dignité propre et inaliénable. Quand la merveilleuse appartenance réciproque devient une domination, « change essentiellement la structure de la communion dans les relations entre personnes ».[159] Dans la logique de domination, le dominateur finit aussi par nier sa propre dignité[160] et en définitive cesse de « s'identifier subjectivement avec son propre corps »,[161] puisqu'il lui ôte tout sens. Il vit le sexe comme une évasion de lui-même et comme renonciation à la beauté de l'union.

156. Il est important d'être clair sur le rejet de toute forme de soumission sexuelle. Pour cela il faut éviter toute interprétation inappropriée du texte de la Lettre aux Ephésiens où il est demandé que « les femmes soient soumises à leurs maris » (*Ep* 5, 22). Saint Paul s'exprime

---

158 *Catéchèse* (18 juin 1980), n. 5 : *L'Osservatore Romano,* éd. en langue française, 24 juin 1980, p. 12.
159 *Ibid.*, n. 6.
160 Cf. *Catéchèse* (30 juillet 1980), n. 1 : *L'Osservatore Romano,* éd. en langue française, 5 août 1980, p. 12.
161 *Catéchèse* (8 avril 1981), n. 3 : *L'Osservatore Romano,* éd. en langue française, 14 avril 1981, p. 12.

en catégories culturelles propres à cette époque ; toutefois nous autres, nous ne devons pas prendre à notre compte ce revêtement culturel, mais le message révélé qui subsiste dans l'ensemble de la péricope. Reprenons la judicieuse explication de saint Jean-Paul II : « L'amour exclut toute espèce de soumission, qui ferait de la femme la servante ou l'esclave du mari [...]. La communauté ou unité qu'ils doivent constituer en raison de leur mariage se réalise dans une donation réciproque qui est aussi une soumission réciproque ».[162] C'est pourquoi on dit aussi que « les maris doivent aimer leurs femmes comme leurs propres corps » (*Ep* 5, 28). En réalité, le texte biblique invite à dépasser l'individualisme commode pour vivre en se référant aux autres : « Soyez soumis les uns aux autres » (*Ep* 5, 21). Dans le mariage cette "soumission" réciproque acquiert un sens spécial et se comprend comme une appartenance réciproque librement choisie, avec un ensemble de caractéristiques de fidélité, de respect et d'attention. La sexualité est au service de cette amitié conjugale de manière inséparable, parce qu'elle est orientée à faire en sorte que l'autre vive en plénitude.

157. Cependant, le rejet des déviations de la sexualité et de l'érotisme ne devrait jamais nous conduire à les déprécier ni à les négliger. L'idéal du couple ne peut pas se définir seulement comme une donation généreuse et sacrifiée, où chacun renonce à tout besoin personnel et se préoccupe seulement de faire du bien à l'autre sans

---

162 *Catéchèse* (11 août 1982), n. 4 : *L'Osservatore Romano,* éd. en langue française, 17 août 1982, p. 8.

aucune satisfaction. Rappelons qu'un véritable amour sait aussi recevoir de l'autre, qu'il est capable de s'accepter comme vulnérable et ayant des besoins, qu'il ne renonce pas à accueillir avec sincérité et joyeuse gratitude les expressions corporelles de l'amour à travers la caresse, l'étreinte, le baiser et l'union sexuelle. Benoît XVI a été clair à ce sujet : « Si l'homme aspire à être seulement esprit et qu'il veuille refuser la chair comme étant un héritage simplement animal, alors l'esprit et le corps perdent leur dignité ».[163] Pour cette raison, « l'homme ne peut pas non plus vivre exclusivement dans l'amour oblatif, descendant. Il ne peut pas toujours seulement donner, il doit aussi recevoir. Celui qui veut donner de l'amour doit lui aussi le recevoir comme un don ».[164] Cela suppose, de toute manière, de rappeler que l'équilibre humain est fragile, qu'il y a toujours quelque chose qui résiste à être humanisé et qui peut déraper de nouveau à n'importe quel moment, retrouvant ses tendances les plus primitives et égoïstes.

Mariage et virginité

158. « De nombreuses personnes qui vivent sans se marier se consacrent non seulement à leur famille d'origine, mais elles rendent aussi souvent de grands services dans leur cercle d'amis, leur communauté ecclésiale et leur vie professionnelle [...]. Par ailleurs, beaucoup mettent leurs talents au service de la communauté chrétienne sous le signe de la

---

163 Lettre enc. *Deus caritas est* (25 décembre 2005), n. 5 : *AAS* 98 (2006), p. 221.
164 *Ibid., n. 7.*

charité et du bénévolat. Il existe aussi des personnes qui ne se marient pas parce qu'elles consacrent leur vie à l'amour du Christ et de leurs frères. Leur engagement est une source d'enrichissement pour la famille, que ce soit dans l'Église ou dans la société ».[165]

159. La virginité est une manière d'aimer. Comme signe, elle nous rappelle l'urgence du Royaume, l'urgence de se mettre au service de l'évangélisation sans réserve (cf. *1Co* 7, 32), et elle est un reflet de la plénitude du ciel où « on ne prend ni femme ni mari » (*Mt* 22,30). Saint Paul la recommandait parce qu'il espérait un rapide retour de Jésus-Christ, et il voulait que tous se consacrent seulement à l'évangélisation : « le temps se fait court » (*1Co* 7,29). Cependant, il faisait comprendre clairement que c'était une opinion personnelle ou son propre souhait (cf. *1Co* 7,25) et non pas une requête du Christ : « Je n'ai pas d'ordre du Seigneur » (*1Co* 7,25). En même temps, il reconnaissait la valeur des différents appels : « Chacun reçoit de Dieu son don particulier, celui-ci d'une manière, celui-là de l'autre » (*1Co* 7,7). Dans ce sens, saint Jean-Paul II a dit que les textes bibliques « n'offrent aucune base permettant de soutenir soit l'infériorité" du mariage, soit la "supériorité" de la virginité ou du célibat »[166] en raison de l'abstinence sexuelle. Au lieu de parler de la supériorité de la virginité sous tous ses aspects, il serait plutôt opportun de montrer que les différents états de vie se complètent, de telle manière que l'un peut être plus

---

165 *Relatio finalis 2015, n. 22*

166 *Catéchèse* (14 avril 1982), n. 1 : *L'Osservatore Romano,* éd. en langue française, 20 avril 1980, p. 16.

parfait en un sens, et que l'autre peut l'être d'un autre point de vue. Alexandre de Hales, par exemple, affirmait que dans un sens le mariage peut être considéré comme supérieur aux autres sacrements : en effet, il symbolise quelque chose de très grand comme « l'union du Christ avec l'Église ou l'union de la nature divine avec la nature humaine ».[167]

160. Par conséquent, il ne s'agit pas d'« une dévaluation du mariage au bénéfice de la continence »[168] et il « n'y a aucune base pour une opposition supposée [...]. Si d'après une certaine tradition théologique, on parle de l'état de perfection (*status perfectionis*), on ne le fait pas en raison de la continence elle-même, mais à cause de l'ensemble de la vie fondée sur les conseils évangéliques ».[169] Mais une personne mariée peut vivre la charité à un degré très élevé. Par conséquent, elle « atteint cette perfection qui jaillit de la charité, moyennant la fidélité à l'esprit de ces conseils. Cette perfection est accessible et possible à tout homme ».[170]

161. La virginité a la valeur symbolique de l'amour qui n'a pas besoin de posséder l'autre, et elle reflète ainsi la liberté du Royaume des cieux. C'est une invitation aux

---

167 *Glossa in quatuor libros sententiarum Petri Lombardi*, IV, XXVI, 2 (Quaracchi 1957, p. 446).

168 Jean-Paul II, *Catéchèse* (7 avril 1982), n. 2 : *L'Osservatore Romano*, éd. en langue française, 13 avril 1980, p. 12.

169 Id., *Catéchèse* (14 avril 1982), n. 3 : *L'Osservatore Romano*, éd. en langue française, 20 avril 1980, p. 16.

170 *Ibid.*

époux à vivre leur amour conjugal dans la perspective de l'amour définitif du Christ, comme un parcours commun vers la plénitude du Royaume. En retour, l'amour des époux a d'autres valeurs symboliques : d'une part, il est un reflet particulier de la Trinité. En effet, la Trinité est pleine unité, dans laquelle existe cependant la distinction. De plus, la famille est un signe christologique, parce qu'elle manifeste la proximité de Dieu qui partage la vie de l'être humain en s'unissant à lui dans l'Incarnation, la Croix, et la Résurrection : chaque conjoint devient "une seule chair" avec l'autre et s'offre lui-même pour tout partager avec lui jusqu'à la fin. Alors que la virginité est un signe "eschatologique" du Christ ressuscité, le mariage est un signe "historique" pour ceux qui cheminent ici-bas, un signe du Christ terrestre qui accepte de s'unir à nous et s'est donné jusqu'à verser son sang. La virginité et le mariage sont, et doivent être, des manières différentes d'aimer, parce que « l'homme ne peut vivre sans amour. Il demeure pour lui-même un être incompréhensible, sa vie est privée de sens s'il ne reçoit pas la révélation de l'amour ».[171]

162. Le célibat court le risque d'être une solitude confortable, qui donne la liberté de se mouvoir avec autonomie, pour changer de lieux, de tâches et de choix, pour disposer de son argent personnel, pour fréquenter des personnes variées selon l'attrait du moment. Dans ce cas, le témoignage des personnes mariées resplendit. Ceux qui

---

171 Id., Lettre enc. *Redemptor hominis* (4 mars 1979), n. 10 : *AAS* 71 (1979), p. 274.

ont été appelés à la virginité peuvent trouver dans certains couples un signe clair de la généreuse et inébranlable fidélité de Dieu à son Alliance, qui invite les cœurs à une disponibilité plus concrète et oblative. Car il y a des personnes mariées qui restent fidèles quand leur conjoint est devenu physiquement désagréable ou quand il ne répond plus à leurs besoins, bien que de nombreuses offres poussent à l'infidélité ou à l'abandon. Une femme peut prendre soin de son époux malade, et là, près de la croix, continuer à dire le "oui" de son amour jusqu'à la mort. Dans cet amour se manifeste de manière éblouissante la dignité de celui qui aime, puisque la charité consiste justement à aimer plus qu'à être aimé.[172] Nous pouvons aussi trouver en de nombreuses familles une capacité de service, tendre et oblatif, envers des enfants difficiles et même ingrats. Cela fait de ces parents un signe de l'amour libre et désintéressé de Jésus. Tout cela devient une invitation aux personnes célibataires pour qu'elles vivent leur offrande pour le Royaume avec une plus grande générosité et disponibilité. Aujourd'hui la sécularisation a brouillé la valeur d'une union pour toute la vie et a affaibli la richesse de l'offrande matrimoniale ; c'est pourquoi « il convient d'approfondir les aspects positifs de l'amour conjugal ».[173]

---

172 Cf. Thomas d'Aquin, *Somme Théologique* II-II, q. 27, art. 1.

173 Conseil Pontifical pour la Famille, *Famille, mariage et "unions de fait"* (26 juillet 2000), n. 40.

La transformation de l'amour

163. La prolongation de la vie conduit à quelque chose qui n'était pas fréquent à d'autres époques : la relation intime et l'appartenance réciproque doivent se conserver durant quatre, cinq ou six décennies, et cela se convertit en une nécessité de se choisir réciproquement sans cesse. Peut-être le conjoint n'est-il plus passionné par un désir sexuel intense qui le pousse vers l'autre personne, mais il sent le plaisir de l'appartenance mutuelle, de savoir qu'il n'est pas seul, qu'il a un "complice" qui connaît tout de sa vie et de son histoire et qui partage tout. C'est le compagnon sur le chemin de la vie avec lequel on peut affronter les difficultés et profiter des belles choses. Cela produit aussi une satisfaction qui accompagne la tendresse propre à l'amour conjugal. Nous ne pouvons pas nous promettre d'avoir les mêmes sentiments durant toute la vie. En revanche, oui, nous pouvons avoir un projet commun stable, nous engager à nous aimer et à vivre unis jusqu'à ce que la mort nous sépare, et à vivre toujours une riche intimité. L'amour que nous nous promettons dépasse toute émotion, tout sentiment et tout état d'âme, bien qu'il puisse les inclure. C'est une affection plus profonde, avec la décision du cœur qui engage toute l'existence. Ainsi, dans un conflit non résolu, et bien que beaucoup de sentiments confus s'entremêlent dans le cœur, la décision d'aimer est maintenue vivante chaque jour, de s'appartenir, de partager la vie entière et de continuer à aimer et à pardonner. Chacun des deux fait un chemin de croissance et de transformation personnelle. Sur ce

chemin, l'amour célèbre chaque pas et chaque nouvelle étape.

164. Dans l'histoire d'un mariage, l'apparence physique change, mais ce n'est pas une raison pour que l'attraction amoureuse s'affaiblisse. On tombe amoureux d'une personne complète avec son identité propre, non pas seulement d'un corps, bien que ce corps, au-delà de l'usure du temps, ne cesse jamais d'exprimer de quelque manière cette identité personnelle qui a séduit le cœur. Quand les autres ne peuvent plus reconnaître la beauté de cette identité, le conjoint amoureux demeure capable de la percevoir par l'instinct de l'amour, et l'affection ne disparaît pas. Il réaffirme sa décision d'appartenir à cette personne, la choisit de nouveau, et il exprime ce choix dans une proximité fidèle et pleine de tendresse. La noblesse de son choix porté sur elle, parce qu'elle est intense et profonde, éveille une nouvelle forme d'émotion dans l'accomplissement de sa mission conjugale. En effet, « l'émotion provoquée par un autre être humain comme personne [...] ne tend pas d'elle-même à l'acte conjugal ».[174] Elle acquiert d'autres expressions sensibles, parce que l'amour « est une réalité unique, mais avec des dimensions différentes ; tour à tour, l'une ou l'autre dimension peut émerger de façon plus importante ».[175] Le lien trouve de nouvelles modalités et exige la décision de le remodeler continuellement. Mais pas seulement pour

---

174 Jean-Paul II, *Catéchèse* (31 octobre 1984), n. 6 : *L'Osservatore Romano,* éd. en langue française, 6 novembre 1984, p. 12.

175 Benoît XVI, Lettre enc. *Deus caritas est* (25 décembre 2005), n. 8 : *AAS* 98 (2006), p. 224.

le conserver, mais pour le développer. C'est le chemin pour se construire jour après jour. Mais rien de cela n'est possible si l'on n'invoque pas l'Esprit Saint, si l'on ne crie pas chaque jour pour demander sa grâce, si l'on ne cherche pas sa force surnaturelle, si l'on ne le lui demande pas en désirant qu'il répande son feu sur notre amour pour le consolider, l'orienter et le transformer dans chaque nouvelle situation.

Cinquième chapitre

L'AMOUR QUI DEVIENT FÉCOND

165. L'amour donne toujours vie. C'est pourquoi, l'amour conjugal « ne s'achève pas dans le couple [...]. Ainsi les époux, tandis qu'ils se donnent l'un à l'autre, donnent au-delà d'eux-mêmes un être réel, l'enfant, reflet vivant de leur amour, signe permanent de l'unité conjugale et synthèse vivante et indissociable de leur être de père et de mère ». [176]

Accueillir une nouvelle vie

166. La famille est le lieu non seulement de la procréation mais aussi celui de l'accueil de la vie qui arrive comme don de Dieu. Chaque nouvelle vie « nous permet de découvrir la dimension la plus gratuite de l'amour, qui ne cesse jamais de nous surprendre. C'est la beauté d'être aimé avant : les enfants sont aimés avant d'arriver » [177]. Cela reflète pour nous la primauté de l'amour de Dieu qui prend toujours l'initiative, car les enfants « sont aimés avant d'avoir fait

---

176 Jean-Paul II, Exhort. ap. *Familiaris consortio* (22 novembre 1981), n. 14 : *AAS* 74 (1982), p. 96.
177 *Catéchèse* (11 février 2015) : *L'Osservatore Romano,* éd. en langue française, 12 février 2015, p. 2.

quoi que ce soit pour le mériter ».[178] Cependant, « beaucoup d'enfants sont dès le début rejetés, abandonnés, dérobés de leur propre enfance et de leur avenir. Certains osent dire, presque pour se justifier, que ce fut une erreur de les mettre au monde. C'est une honte ! [...] Que faisons-nous des déclarations solennelles des droits de l'homme et des droits de l'enfant, si nous punissons ensuite les enfants pour les erreurs des adultes ? ».[179] Si un enfant naît dans des circonstances non désirées, les parents ou d'autres membres de la famille doivent faire tout leur possible pour l'accepter comme un don de Dieu et pour assumer la responsabilité de l'accueillir avec sincérité et affection. Car « quand il s'agit des enfants qui viennent au monde, aucun sacrifice des adultes ne sera jugé trop coûteux ou trop grand, pour peu qu'il évite à un enfant de penser qu'il est une erreur, qu'il ne vaut rien et d'être abandonné aux blessures de la vie et à l'arrogance des hommes ».[180] Le don d'un nouvel enfant que le Seigneur confie à un papa et à une maman commence par l'accueil, continue par la protection tout au long de la vie terrestre et a pour destination finale la joie de la vie éternelle. Un regard serein vers l'ultime accomplissement de la personne humaine rendra les parents encore plus conscients du précieux don qui leur a été confié : en effet, Dieu leur

---

178 *Ibid.*
179 *Catéchèse* (8 avril 2015) : *L'Osservatore Romano,* éd. en langue française, 9 avril 2015, p. 2.
180 *Ibid.*

accorde de choisir le nom par lequel il appellera chacun de ses enfants pour l'éternité.[181]

167. Les familles nombreuses sont une joie pour l'Église. En elles, l'amour exprime sa généreuse fécondité. Ceci n'implique pas d'oublier la saine mise en garde de saint Jean-Paul II, lorsqu'il expliquait que la paternité responsable n'est pas une « procréation illimitée ou un manque de conscience de ce qui est engagé dans l'éducation des enfants, mais plutôt la possibilité donnée aux couples d'user de leur liberté inviolable de manière sage et responsable, en prenant en compte les réalités sociales et démographiques aussi bien que leur propre situation et leurs désirs légitimes ». [182]

L'amour dans l'attente de la grossesse

168. La grossesse est une étape difficile, mais aussi un temps merveilleux. La mère collabore avec Dieu pour que se produise le miracle d'une nouvelle vie. La maternité surgit d'une « potentialité particulière de l'organisme féminin qui, grâce à sa nature créatrice caractéristique,

---

181 Cf. Conc. Œcum. Vat. II, Const. past. *Gaudium et spes*, sur l'Église dans le monde de ce temps, n. 51 : « Que tous sachent bien que la vie humaine et la charge de la transmettre ne se limitent pas aux horizons de ce monde et n'y trouvent ni leur pleine dimension, ni leur plein sens, mais qu'elles sont toujours à mettre en référence avec la destinée éternelle des hommes ».

182 *Lettre au Secrétaire général de la Conférence internationale de l'Organisation des Nations Unies sur la population et le développement* (18 mars 1994) : *Insegnamenti* 17/1 (1994), pp. 750-751.

sert à la conception et à la génération de l'être humain »[183]. Chaque femme participe au mystère de la création qui se renouvelle dans la procréation humaine.[184] Comme dit le psaume : « C'est toi qui m'as tissé au ventre de ma mère » (139, 13). Tout enfant qui est formé dans le sein de sa mère est un projet éternel de Dieu le Père et de son amour éternel : « Avant même de te modeler au ventre maternel, je t'ai connu ; avant même que tu sois sorti du sein, je t'ai consacré » (*Jr* 1, 5). Tout enfant est dans le cœur de Dieu, depuis toujours, et au moment où il est conçu, se réalise l'éternel rêve du Créateur. Pensons à ce que vaut cet embryon dès l'instant où il est conçu ! Il faut le regarder de ces yeux d'amour du Père, qui voit au-delà de toute apparence.

169. La femme enceinte peut participer à ce projet de Dieu en rêvant de son enfant : « Toutes les mamans et tous les papas ont rêvé de leur enfant pendant neuf mois. [...]. C'est impossible une famille qui ne rêve pas. Quand la capacité de rêver se perd dans une famille, les enfants ne grandissent pas, l'amour ne grandit pas, la vie s'affaiblit et s'éteint ».[185] Pour une famille chrétienne, le baptême fait nécessairement partie de ce rêve. Les parents le préparent par leur prière, confiant leur enfant à Jésus avant sa naissance même.

---

183 Jean-Paul II., *Catéchèse* (12 mars 1980), n. 3 : *L'Osservatore Romano,* éd. en langue française, 18 mars 1980, p. 12.

184 Cf. *Ibid.*

185 *Discours à l'occasion de la rencontre avec les familles à Manille* (16 janvier 2015) : *L'Osservatore Romano,* éd. en langue française, 22 janvier 2015, p. 8.

170. Grâce aux progrès scientifiques, aujourd'hui on peut savoir d'avance la couleur des cheveux de l'enfant et de quelles maladies il pourra souffrir à l'avenir, car toutes les caractéristiques somatiques de cette personne sont inscrites dans son code génétique depuis son état d'embryon. Mais seul le Père qui l'a créé le connaît en plénitude. Lui seul connaît ce qui est le plus précieux, ce qui est le plus important, car il sait qui est cet enfant, quelle est son identité la plus profonde. La mère qui le porte en son sein a besoin de demander à Dieu d'être éclairée pour connaître en profondeur son enfant et pour l'attendre tel qu'il est. Certains parents sentent que leur enfant n'arrive pas au meilleur moment. Il leur faut demander au Seigneur de les guérir et de les fortifier pour qu'ils acceptent pleinement cet enfant, afin qu'ils puissent l'attendre de tout cœur. C'est important que cet enfant se sente attendu. Il n'est pas un complément ou une solution à une préoccupation personnelle. C'est un être humain, d'une valeur immense, et il ne peut être utilisé à des fins personnelles. Donc, peu importe si cette nouvelle vie te sert ou non, si elle a des caractéristiques qui te plaisent ou non, s'il répond ou non à tes projets et à tes rêves. Car « les enfants sont un don. Chacun d'entre eux est unique et irremplaçable [...]. On aime un enfant parce qu'il est un enfant : non pas parce qu'il est beau, ou parce qu'il est comme-ci ou comme ça ; non, parce que c'est un enfant ! Non pas parce qu'il pense comme moi, ou qu'il incarne mes désirs. Un enfant est un enfant ».[186] L'amour des parents

186 *Catéchèse* (11 février 2015) : *L'Osservatore Romano,* éd. en langue française, 12 février 2015, p. 2.

est un instrument de l'amour de Dieu le Père qui attend avec tendresse la naissance de tout enfant, l'accepte sans conditions et l'accueille gratuitement.

171. À toute femme enceinte, je voudrais demander affectueusement : protège ta joie, que rien ne t'enlève la joie intérieure de la maternité. Cet enfant mérite ta joie. Ne permets pas que les peurs, les préoccupations, les commentaires d'autrui ou les problèmes éteignent cette joie d'être un instrument de Dieu pour apporter une nouvelle vie au monde. Occupe-toi de ce qu'il y a à faire ou à préparer, mais sans obsession, et loue comme Marie : « Mon âme exalte le Seigneur, et mon esprit tressaille de joie en Dieu mon Sauveur, parce qu'il a jeté les yeux sur l'abaissement de sa servante » (*Lc* 1, 46-48). Vis cet enthousiasme serein au milieu de tes soucis, et demande au Seigneur de protéger ta joie pour que tu puisses la transmettre à ton enfant.

Amour de père et de mère

172. « Dès qu'ils naissent, les enfants commencent à recevoir en don, avec la nourriture et les soins, la confirmation des qualités spirituelles de l'amour. Les actes de l'amour passent à travers le don du nom personnel, la transmission du langage, les intentions des regards, les illuminations des sourires. Ils apprennent ainsi que la beauté du lien entre les êtres humains vise notre âme, recherche notre liberté, accepte la diversité de l'autre, le reconnaît et le respecte comme interlocuteur [...] et cela

est l'amour, qui apporte une étincelle de celui de Dieu ! ».[187] Tout enfant a le droit de recevoir l'amour d'une mère et d'un père, tous deux nécessaires pour sa maturation intégrale et harmonieuse. Comme l'ont dit les Évêques d'Australie, tous deux « contribuent, chacun d'une manière différente, à l'éducation d'un enfant. Respecter la dignité d'un enfant signifie affirmer son besoin ainsi que son droit naturel à une mère et à un père ».[188] Il ne s'agit pas seulement de l'amour d'un père et d'une mère séparément, mais aussi de l'amour entre eux, perçu comme source de sa propre existence, comme un nid protecteur et comme fondement de la famille. Autrement, l'enfant semble être réduit à une possession capricieuse. Tous deux, homme et femme, père et mère, sont « les coopérateurs de l'amour du Dieu Créateur et comme ses interprètes ».[189] Ils montrent à leurs enfants le visage maternel et le visage paternel du Seigneur. En outre, ensemble, ils enseignent la valeur de la réciprocité, de la rencontre entre des personnes différentes, où chacun apporte sa propre identité et sait aussi recevoir de l'autre. Si pour quelque raison inévitable l'un des deux manque, il est important de chercher une manière de le compenser, en vue de favoriser la maturation adéquate de l'enfant.

173. Le sentiment d'être orphelin qui anime aujourd'hui beaucoup d'enfants et de jeunes est plus profond que

---

187 *Catéchèse* (14 octobre 2015): *L'Osservatore Romano,* éd. en langue française, 15 octobre 2015, p. 2.

188 Conférence des Évêques Catholiques d'Australie, Lettre past. *Don't Mess with Marriage*, 13 (24 novembre 2015), p. 11.

189 Conc. Œcum. Vat. II, Const. past. *Gaudium et spes*, sur l'Église dans le monde de ce temps, n. 50.

nous ne l'imaginons. Aujourd'hui, nous admettons comme très légitime, voire désirable, que les femmes veuillent étudier, travailler, développer leurs capacités et avoir des objectifs personnels. Mais en même temps, nous ne pouvons ignorer le besoin qu'ont les enfants d'une présence maternelle, spécialement au cours des premiers mois de la vie. La réalité est que « la femme se trouve devant l'homme comme mère, sujet de la nouvelle vie humaine qui a été conçue, qui se développe en elle et qui d'elle naît au monde ».[190] L'affaiblissement de la présence maternelle avec ses qualités féminines est un risque grave pour notre monde. J'apprécie le féminisme lorsqu'il ne prétend pas à l'uniformité ni à la négation de la maternité. Car la grandeur de la femme implique tous les droits qui émanent de son inaliénable dignité humaine, mais aussi de son génie féminin, indispensable à la société. Ses capacités spécifiquement féminines – en particulier la maternité – lui accordent aussi des devoirs, parce que le fait qu'elle est femme implique également une mission singulière dans ce monde, que la société doit protéger et préserver pour le bien de tous.[191]

174. En réalité, « les mères sont l'antidote le plus fort à la diffusion de l'individualisme égoïste [...]. Ce sont elles qui témoignent de la beauté de la vie ».[192] Sans doute, « une

---

190 Jean-Paul II, *Catéchèse* (12 mars 1980), n. 2 : *L'Osservatore Romano,* éd. en langue française, 18 mars 1980, p. 12.

191 Cf. Id., Lettre ap. *Mulieribus dignitatem,* (15 août 1988), nn. 30-31 : *AAS 80* (1988), pp. 1726-1729.

192 *Catéchèse* (7 janvier 2015) : *L'Osservatore Romano,* éd. en langue française, 8 janvier 2015, p. 2.

société sans mères serait une société inhumaine, parce que les mères savent témoigner toujours, même dans les pires moments, de la tendresse, du dévouement, de la force morale. Les mères transmettent souvent également le sens le plus profond de la pratique religieuse : [par] les premières prières, [par] les premiers gestes de dévotion qu'un enfant apprend [...]. Sans les mères, non seulement il n'y aurait pas de nouveaux fidèles, mais la foi perdrait une bonne partie de sa chaleur simple et profonde. [...]. Très chères mamans, merci, merci pour ce que vous êtes dans la famille et pour ce que vous donnez à l'Église et au monde ».[193]

175. La mère, qui protège l'enfant avec affection et compassion, l'aide à éveiller la confiance, à expérimenter que le monde est un lieu bon qui le reçoit, et cela permet de développer une auto estime qui favorise la capacité d'intimité et l'empathie. La figure paternelle, d'autre part, aide à percevoir les limites de la réalité, et se caractérise plus par l'orientation, par la sortie vers le monde plus vaste et comportant des défis, par l'invitation à l'effort et à la lutte. Un père avec une claire et heureuse identité masculine, qui en retour, dans sa façon de traiter la femme, unit affection et modération, est aussi nécessaire que les soins maternels. Il y a des rôles et des tâches flexibles, qui s'adaptent aux circonstances concrètes de chaque famille, mais la présence claire et bien définie des deux figures, féminine et masculine, crée l'atmosphère la plus propice pour la maturation de l'enfant.

193 *Ibid.*

176. On dit que notre société est une "société sans pères". Dans la culture occidentale, la figure du père serait symboliquement absente, écartée, aurait disparu. Même la virilité semblerait remise en question. Il s'est produit une confusion compréhensible, car « dans un premier temps, cela a été perçu comme une libération : libération du père autoritaire, du père comme représentant de la loi qui s'impose de l'extérieur, du père comme censeur du bonheur de ses enfants et obstacle à l'émancipation et à l'autonomie des jeunes. Parfois, dans certains foyers régnait autrefois l'autoritarisme, dans certains cas même l'abus ».[194] Mais « comme c'est souvent le cas, on est passé d'un extrême à l'autre. Le problème de nos jours ne semble plus tant être la présence envahissante des pères que leur absence, leur disparition. Les pères sont parfois si concentrés sur eux-mêmes et sur leur propre travail et parfois sur leur propre réalisation individuelle qu'ils en oublient même la famille. Et ils laissent les enfants et les jeunes seuls ».[195] La présence paternelle, et par conséquent son autorité, est affectée aussi par le temps toujours plus important qu'on consacre aux moyens de communication et à la technologie du divertissement. En outre, aujourd'hui, l'autorité est objet de soupçon et les adultes sont cruellement remis en cause. Ils abandonnent eux-mêmes les certitudes et pour cela ne donnent pas d'orientations sûres et bien fondées à leurs enfants. Il n'est pas sain que les rôles soient permutés entre parents et enfants, ce qui porte préjudice au processus normal de

---

194 *Catéchèse* (28 janvier 2015) : *L'Osservatore Romano*, éd. en langue française, 29 janvier 2015, p. 2.
195 *Ibid.*

maturation que les enfants ont besoin de suivre et leur refuse un amour capable de les orienter qui les aide à mûrir.[196]

177. Dieu place le père dans la famille pour que, par les caractéristiques précieuses de sa masculinité, « il soit proche de son épouse, pour tout partager, les joies et les douleurs, les fatigues et les espérances. Et qu'il soit proche de ses enfants dans leur croissance : lorsqu'ils jouent et lorsqu'ils s'appliquent, lorsqu'ils sont insouciants et lorsqu'ils sont angoissés, lorsqu'ils s'expriment et lorsqu'ils sont taciturnes, lorsqu'ils osent et lorsqu'ils ont peur, lorsqu'ils commettent un faux pas et lorsqu'ils retrouvent leur chemin ; un père présent, toujours. Dire présent n'est pas la même chose que dire contrôleur ! Parce que les pères qui contrôlent trop anéantissent leurs enfants ».[197] Certains parents se sentent inutiles ou superflus, mais la vérité est que « les enfants ont besoin de trouver un père qui les attende lorsqu'ils reviennent de leurs erreurs. Ils feront tout pour ne pas l'admettre, pour ne pas le faire voir, mais ils en ont besoin ».[198] Il n'est pas bon que les enfants soient sans parents et qu'ainsi ils cessent prématurément d'être enfants.

---

196 Cf. *Relatio finalis 2015*, n. 28.
197 *Catéchèse* (4 février 2015) : *L'Osservatore Romano*, éd. en langue française, 5 février 2015, p. 2.
198 *Ibid.*

Fécondité plus grande

178. De nombreux couples ne peuvent pas avoir d'enfants. Nous savons combien de souffrance cela comporte. D'autre part, nous sommes également conscients que « le mariage [...] n'est pas institué en vue de la seule procréation. [...]. C'est pourquoi, même si, contrairement au vœu souvent très vif des époux, il n'y a pas d'enfant, le mariage, comme communauté et communion de toute la vie, demeure, et il garde sa valeur et son indissolubilité ».[199] En outre « la maternité n'est pas une réalité exclusivement biologique, mais elle s'exprime de diverses manières ».[200]

179. L'adoption est une voie pour réaliser la maternité et la paternité d'une manière très généreuse, et je voudrais encourager ceux qui ne peuvent avoir d'enfants à faire preuve de générosité et à ouvrir leur amour matrimonial en vue de recevoir ceux qui sont privés d'un milieu familial approprié. Ils ne regretteront jamais d'avoir été généreux. Adopter est l'acte d'amour consistant à faire cadeau d'une famille à qui n'en a pas. Il est important d'insister pour que la législation puisse faciliter les procédures d'adoption, surtout dans les cas d'enfants non désirés, en vue de prévenir l'avortement ou l'abandon. Ceux qui assument le défi d'adopter et qui accueillent une personne de manière inconditionnelle et gratuite deviennent des

---

199 Conc. Œcum. Vat. II, Const. past. *Gaudium et spes*, sur l'Église dans le monde de ce temps, n. 50.

200 V Conférence Générale de l'Épiscopat Latino-Américain et des Caraïbes, *Documento de Aparecida* (29 juin 2007), n. 457.

médiations de cet amour de Dieu qui dit : « Même si les femmes oubliaient [les fils de leurs entrailles], moi, je ne t'oublierai pas » (*Is* 49, 15).

180. « Le choix de l'adoption et du placement exprime une fécondité particulière de l'expérience conjugale, au-delà des cas où elle est douloureusement marquée par la stérilité. [...]. Face aux situations où l'enfant est voulu à tout prix, comme un droit à une réalisation personnelle, l'adoption et le placement correctement compris manifestent un aspect important du caractère parental et du caractère filial, dans la mesure où ils aident à reconnaître que les enfants, naturels ou adoptifs ou confiés, sont des êtres autres que soi et qu'il faut les accueillir, les aimer, en prendre soin et pas seulement les mettre au monde. L'intérêt supérieur de l'enfant devrait toujours inspirer les décisions sur l'adoption et le placement ».[201] D'autre part, « le trafic d'enfants entre pays et continents doit être empêché par des interventions législatives opportunes et par des contrôles des États ».[202]

181. Il convient aussi de rappeler que la procréation ou l'adoption ne sont pas les seules manières de vivre la fécondité de l'amour. Même la famille qui a de nombreux enfants est appelée à laisser ses empreintes dans la société où elle est insérée, afin de développer d'autres formes de fécondité qui sont comme la prolongation de l'amour qui l'anime. Les familles chrétiennes ne doivent pas oublier

---

201 *Relatio finalis 2015*, n. 65.
202 *Ibid.*

que « la foi ne nous retire pas du monde, mais elle nous y insère davantage [...]. Chacun de nous, en effet, joue un rôle spécial dans la préparation de la venue du Royaume de Dieu ».[203] La famille ne doit pas se considérer comme un enclos appelé à se protéger de la société. Elle ne reste pas à attendre, mais sort d'elle-même dans une recherche solidaire. Ainsi, elle devient un lien d'intégration de la personne à la société et un trait d'union entre ce qui est public et ce qui est privé. Les couples ont besoin d'avoir une vision claire et une conscience convaincue de leurs droits sociaux. Lorsque c'est le cas, l'affection qui les unit ne diminue pas, mais en est illuminée, comme l'expriment ces vers :

"Tes mains sont ma caresse
mes accords quotidiens
je t'aime parce que tes mains
travaillent pour la justice.

Si je t'aime c'est parce que tu es
mon amour mon complice et tout
et dans la rue, bras dessus bras dessous
nous sommes bien plus que deux".[204]

182. Aucune famille ne peut être féconde si elle se conçoit comme trop différente ou "séparée". Pour éviter ce risque,

---

203 *Discours à l'occasion de la rencontre avec les familles à Manille* (16 janvier 2015) : *L'Osservatore Romano*, éd. en langue française, 22 janvier 2015, pp. 8-9.
204 Mario Benedetti, "Te quiero", dans *Poemas de otros,* Buenos Aires 1993, p. 316.

souvenons-nous que la famille de Jésus, pleine de grâce et de sagesse, n'était pas vue comme une famille "bizarre", comme un foyer étrange et éloigné du peuple. C'est pour cela même que les gens avaient du mal à reconnaître la sagesse de Jésus et ils disaient : « D'où cela lui vient-il ? [...] Celui-là n'est-il pas le charpentier, le fils de Marie » (*Mc* 6, 2-3). « Celui-là n'est-il pas le fils du charpentier ? » (*Mt* 13, 55). Cela confirme que c'était une famille simple, proche de tous, normalement intégrée aux gens. Jésus n'a pas grandi non plus dans une relation fermée et absorbante avec Marie et Joseph, mais il se déplaçait volontiers dans la famille élargie incluant parents et amis. Cela explique que, retournant de Jérusalem, ses parents aient accepté que l'enfant de douze ans se perde dans la caravane un jour entier, écoutant les récits et partageant les préoccupations dc tout le monde : « Le croyant dans la caravane, ils firent une journée de chemin » (*Lc* 2, 44). Toutefois, il arrive parfois que certaines familles chrétiennes, par leur langage, par leur manière de dire les choses, par leur attitude, par la répétition constante de deux ou trois thèmes, soient vues comme lointaines, comme séparées de la société, et que même leurs proches se sentent méprisés ou jugés par elles.

183. Un mariage qui expérimente la force de l'amour sait que cet amour est appelé à guérir les blessures des personnes abandonnées, à instaurer la culture de la rencontre, à lutter pour la justice. Dieu a confié à la famille

le projet de rendre le monde ''domestique'',[205] pour que tous puissent sentir chaque homme comme frère: « Un regard attentif à la vie quotidienne des hommes et des femmes d'aujourd'hui montre immédiatement le besoin qui existe partout d'une bonne dose d'esprit familial [...]. Non seulement l'organisation de la vie commune se heurte toujours plus à une bureaucratie totalement étrangère aux liens humains fondamentaux, mais les comportements sociaux et politiques révèlent même souvent des signes de dégradation ».[206] En revanche, les familles ouvertes et solidaires accordent une place aux pauvres, sont capables de nouer amitié avec ceux qui connaissent une situation pire que la leur. Si réellement l'Évangile est important pour elles, elles ne peuvent oublier ce que dit Jésus: « Ce que vous avez fait à l'un de ces plus petits de mes frères, c'est à moi que vous l'avez fait » (*Mt* 25, 40). En définitive, elles vivent ce qu'avec tant d'éloquence l'Évangile nous demande dans ce texte: « Lorsque tu donnes un déjeuner ou un dîner, ne convie ni tes amis, ni tes frères, ni tes parents, ni de riches voisins, de peur qu'eux aussi ne t'invitent à leur tour et qu'on ne te rende la pareille. Mais lorsque tu donnes un festin, invite des pauvres, des estropiés, des boiteux, des aveugles; heureux seras-tu alors » (*Lc* 14, 12-14)! Heureux seras-tu! Voilà le secret d'une famille heureuse.

---

205 Cf. *Catéchèse* (16 septembre 2015): *L'Osservatore Romano,* éd. en langue française, 17 septembre 2015, p. 2.

206 *Catéchèse* (7 octobre 2015): *L'Osservatore Romano,* éd. en langue française, 8 octobre 2015, p. 2.

184. Par le témoignage, et aussi par la parole, les familles parlent de Jésus aux autres, transmettent la foi, éveillent le désir de Dieu et montrent la beauté de l'Évangile ainsi que le style de vie qu'il nous propose. Ainsi, les couples chrétiens peignent le gris de l'espace public, le remplissant de la couleur de la fraternité, de la sensibilité sociale, de la défense de ceux qui sont fragiles, de la foi lumineuse, de l'espérance active. Leur fécondité s'élargit et se traduit par mille manières de rendre présent l'amour de Dieu dans la société.

Discerner le corps

185. Dans cette ligne, il convient de prendre très au sérieux un texte biblique qu'on a l'habitude d'interpréter hors de son contexte, ou d'une manière très générale ; ainsi on peut négliger son sens plus immédiat et direct, qui est de toute évidence social. Il s'agit de *1 Co* 11, 17-34, où saint Paul affronte une situation honteuse de la communauté. Dans ce milieu, certaines personnes aisées tendaient à discriminer les pauvres, et cela se produisait même lors de l'agape qui accompagnait la célébration de l'Eucharistie. Tandis que les riches savouraient leurs nourritures, les pauvres regardaient et souffraient de faim : « L'un a faim, tandis que l'autre est ivre. Vous n'avez donc pas de maisons pour manger et boire ? Ou bien méprisez-vous l'Église de Dieu, et voulez-vous faire honte à ceux qui n'ont rien ? » (vv. 21-22).

186. L'Eucharistie exige l'intégration dans un unique corps ecclésial. Celui qui s'approche du Corps et du

Sang du Christ ne peut pas en même temps offenser ce même Corps en causant des divisions et des discriminations scandaleuses parmi ses membres. Il s'agit en effet de "discerner" le Corps du Seigneur, de le reconnaître avec foi et charité soit dans ses signes sacramentaux, soit dans la communauté ; autrement, on mange et on boit sa propre condamnation (cf. v. 29). Ce texte biblique est un sérieux avertissement aux familles qui s'enferment dans leur confort et s'isolent, mais plus particulièrement aux familles qui demeurent indifférentes à la souffrance des familles pauvres et se trouvant le plus dans le besoin. La célébration eucharistique devient ainsi un appel constant à chacun à « s'examiner lui-même » (v. 28), en vue d'ouvrir le cercle de sa famille à une plus grande communion avec les marginalisés de la société et donc de recevoir vraiment le Sacrement de l'amour eucharistique qui fait de nous un seul corps. Il ne faut pas oublier que « "la mystique" du Sacrement a un caractère social ».[207] Lorsque ceux qui communient refusent de s'engager pour les pauvres et les souffrants ou approuvent différentes formes de division, de mépris et d'injustice, l'Eucharistie est reçue de façon indigne. En revanche, les familles qui se nourrissent de l'Eucharistie dans une disposition appropriée, renforcent leur désir de fraternité, leur sens social et leur engagement en faveur des personnes dans le besoin.

---

207 Benoît XVI, Lettre enc. *Deus caritas est* (25 décembre 2005), n. 14 : *AAS* 98 (2006), p. 228.

La vie dans la famille élargie

187. Le petit noyau familial ne devrait pas s'isoler de la famille élargie, incluant les parents, les oncles, les cousins, ainsi que les voisins. Dans cette grande famille, il peut y avoir des personnes qui ont besoin d'aide, ou au moins de compagnie et de gestes d'affection ; ou bien il peut y avoir de grandes souffrances qui appellent une consolation.[208] L'individualisme de ces temps conduit parfois à s'enfermer dans un petit nid de sécurité et à sentir les autres comme un danger gênant. Toutefois, cet isolement n'offre pas plus de paix et de bonheur, mais plutôt ferme le cœur de la famille et la prive de l'ampleur de l'existence.

Être enfants

188. En premier lieu, parlons des parents eux-mêmes. Jésus rappelait aux pharisiens que l'abandon des parents est contre la Loi de Dieu (cf. *Mc* 7,8-13). Il ne fait du bien à personne de perdre la conscience d'être enfant. Dans chaque personne « même si quelqu'un devient adulte, ou âgé, même s'il devient parent, s'il occupe un poste à responsabilité, au fond l'identité de l'enfant demeure. Nous sommes tous des enfants. Et cela nous renvoie toujours au fait que nous ne nous sommes pas donné la vie nous-mêmes mais nous l'avons reçue. Le grand don de la vie est le premier cadeau que nous avons reçu ».[209]

---

208 Cf. *Relatio finalis 2015,* n. 11.

209 *Catéchèse* (18 mars 2015) : *L'Osservatore Romano,* éd. en langue française, 19 mars 2015, p. 2.

189. Voilà pourquoi « le quatrième commandement demande aux enfants [...] d'honorer le père et la mère (cf. *Ex* 20,12). Ce commandement vient juste après ceux qui concernent Dieu lui-même. Il contient en effet quelque chose de sacré, quelque chose de divin, quelque chose qui se trouve à la racine de tout autre genre de respect entre les hommes. Et dans la formulation biblique du quatrième commandement, on ajoute : "afin de jouir d'une longue vie dans le pays que l'Éternel ton Dieu te donne". Le lien vertueux entre les générations est une garantie [d'avenir], et c'est une garantie d'une histoire vraiment humaine. Une société d'enfants qui n'honorent pas leurs parents est une société sans honneur [...]. C'est une société destinée à se remplir de jeunes arides et avides ». [210]

190. Mais la médaille a une autre face : « L'homme quittera son père et sa mère » (*Gn* 2, 24), dit la Parole de Dieu. Parfois, cela ne se réalise pas, et le mariage n'est pas assumé jusqu'au bout parce qu'on n'a pas fait cette renonciation et ce don de soi. Les parents ne doivent pas être abandonnés ni négligés, mais pour s'unir dans le mariage, il faut les quitter, en sorte que le nouveau foyer soit la demeure, la protection, la plate-forme et le projet, et qu'il soit possible de devenir vraiment "une seule chair" (*Ibid.*). Dans certains couples, il arrive que beaucoup de choses soient cachées au conjoint, dont on parle, en revanche, avec ses propres parents, à telle enseigne que les opinions de ces derniers acquièrent plus

---

210 *Catéchèse* (11 février 2015) : *L'Osservatore Romano,* éd. en langue française, 12 février 2015, p. 2.

d'importance que les sentiments et les opinions du conjoint. Il n'est pas facile de supporter longtemps cette situation, et c'est possible uniquement de manière provisoire, pendant que se créent les conditions pour grandir dans la confiance et dans la communication. Le mariage met au défi de trouver une nouvelle manière d'être enfant.

Les personnes âgées

191. « Ne me rejette pas au temps de ma vieillesse, quand décline ma vigueur, ne m'abandonne pas » (*Ps* 71, 9). C'est le cri de la personne âgée, qui craint l'oubli et le mépris. Ainsi, tout comme Dieu nous invite à être ses instruments pour écouter la supplication des pauvres, de la même manière, il s'attend à ce que nous écoutions le cri des personnes âgées.[211] Cela interpelle les familles et les communautés, car « l'Église ne peut pas et ne veut pas se conformer à une mentalité d'intolérance, et encore moins d'indifférence et de mépris à l'égard de la vieillesse. Nous devons réveiller le sentiment collectif de gratitude, d'appréciation, d'hospitalité, qui ait pour effet que la personne âgée se sente une partie vivante de sa communauté. Les personnes âgées sont des hommes et des femmes, des pères et des mères qui sont passés avant nous sur notre même route, dans notre même maison, dans notre bataille quotidienne pour une vie digne ».[212] Par conséquent, « comme je voudrais une Église qui défie

211 Cf. *Relatio finalis 2015*, nn. 17-18.

212 *Catéchèse* (4 mars 2015): *L'Osservatore Romano,* éd. en langue française, 5 mars 2015, p. 2.

la culture du rebut par la joie débordante d'une nouvelle étreinte entre les jeunes et les personnes âgées ! ». [213]

192. Saint Jean-Paul II nous a invités à prêter attention à la place de la personne âgée dans la famille, car il y a des cultures qui « à la suite d'un développement industriel et urbain désordonné, ont conduit et continuent à conduire les personnes âgées à des formes inacceptables de marginalité ».[214] Les personnes âgées aident à percevoir « la continuité des générations », avec « le charisme de servir de pont ».[215] Bien des fois, ce sont les grands-parents qui assurent la transmission des grandes valeurs à leurs petits-enfants, et « beaucoup peuvent constater que c'est précisément à leurs grands-parents qu'ils doivent leur initiation à la vie chrétienne ».[216] Leurs paroles, leurs caresses ou leur seule présence aident les enfants à reconnaître que l'histoire ne commencent pas avec eux, qu'ils sont les héritiers d'un long chemin et qu'il est nécessaire de respecter l'arrière-plan qui nous précède. Ceux qui rompent les liens avec l'histoire auront des difficultés à construire des relations stables et à reconnaître qu'ils ne sont pas les maîtres de la réalité. Donc, « l'attention à l'égard des personnes âgées fait la

---

213 *Catéchèse* (11 mars 2015) : *L'Osservatore Romano,* éd. en langue française, 12 mars 2015, p. 2.

214 Exhort. ap. *Familiaris consortio* (22 novembre 1981), n. 27 : *AAS* 74 (1982), p. 113.

215 Jean-Paul II, *Discours aux participants du « Forum International sur le Troisième Age »* (5 septembre 1980), 5 : dans *Insegnamenti*, III, 2 (1980), p. 539.

216 *Relatio finalis 2015,* n. 18.

différence d'une civilisation. Porte-t-on de l'attention aux personnes âgées dans une civilisation ? Y a-t-il de la place pour la personne âgée ? Cette civilisation ira de l'avant si elle sait respecter la sagesse [...] des personnes âgées ».[217]

193. L'absence de mémoire historique est un sérieux défaut de notre société. Il s'agit de la mentalité immature du "c'est du passé". Connaître et pouvoir prendre position face aux événements passés est l'unique possibilité de construire un avenir qui ait un sens. On ne peut éduquer sans mémoire. : « Rappelez-vous ces premiers jours » (*Hb* 10, 32). Les récits des personnes âgées font beaucoup de bien aux enfants et aux jeunes, car ils les relient à l'histoire vécue aussi bien de la famille que du quartier et du pays. Une famille qui ne respecte pas et ne s'occupe pas des grands-parents, qui sont sa mémoire vivante, est une famille désintégrée ; mais une famille qui se souvient est une famille qui a de l'avenir. Par conséquent, « une civilisation où il n'y a pas de place pour les personnes âgées, ou qui les met au rebut parce qu'elles créent des problèmes, est une société qui porte en elle le virus de la mort »,[218] car elle « arrache ses propres racines ».[219] Le phénomène des orphelins contemporains, en termes de discontinuité, de déracinement et d'effondrement des certitudes qui donnent forme à la vie, nous place devant le défi de faire

217 *Catéchèse* (4 mars 2015) : *L'Osservatore Romano,* éd. en langue française, 5 mars 2015, p. 2.

218 *Ibid.*

219 *Discours à l'occasion de la rencontre avec les personnes âgées* (28 septembre 2014) : *L'Osservatore Romano,* éd. en langue française, 2 octobre 2014, pp. 8-9.

de nos familles un lieu où les enfants peuvent s'enraciner dans le sol d'une histoire collective.

Être frères

194. La relation entre les frères s'approfondit avec le temps, et « le lien de fraternité qui se forme en famille entre les enfants, s'il a lieu dans un climat d'éducation à l'ouverture aux autres, est la grande école de liberté et de paix. En famille, entre frères, on apprend la cohabitation humaine [...]. Peut-être n'en sommes-nous pas toujours conscients, mais c'est précisément la famille qui introduit la fraternité dans le monde ! À partir de cette première expérience de fraternité, nourrie par les liens d'affection et par l'éducation familiale, le style de la fraternité rayonne comme une promesse sur toute la société ».[220]

195. Grandir entre frères offre la belle expérience de nous protéger mutuellement, d'aider et d'être aidés. C'est pourquoi « la fraternité en famille resplendit de manière particulière quand nous voyons l'attention, la patience, l'affection dont sont entourés le petit frère ou la petite sœur plus faible, malade, ou porteur de handicap ».[221] Il faut reconnaître qu'« avoir un frère, une sœur qui t'aime est une expérience forte, inégalable, irremplaçable »,[222] mais il faut patiemment enseigner aux enfants à se traiter comme frères. Cet apprentissage, parfois pénible, est une

220 *Catéchèse* (18 février 2015) : *L'Osservatore Romano,* éd. en langue française, 19 février 2015, p. 2.
221 *Ibid.*
222 *Ibid.*

véritable école de la société. Dans certains pays, il existe une forte tendance à avoir un seul enfant, ce qui fait que l'expérience d'avoir un frère commence à être peu commune. Dans les cas où on n'a pas pu avoir plus d'un enfant, il faudra trouver la manière d'éviter que l'enfant ne grandisse seul ou isolé.

Un grand cœur

196. Outre le petit cercle que forment les époux et leurs enfants, il y a la famille élargie qui ne peut être ignorée. Car « l'amour entre l'homme et la femme dans le mariage et en conséquence, de façon plus large, l'amour entre les membres de la même famille – entre parents et enfants, entre frères et sœurs, entre les proches et toute la parenté – sont animés et soutenus par un dynamisme intérieur incessant, qui entraîne la famille vers une communion toujours plus profonde et plus intense, fondement et principe de la communauté conjugale et familiale ». [223] Les amis et les familles amies en font partie également, y compris les communautés de familles qui se soutiennent mutuellement dans leurs difficultés, dans leur engagement social et dans leur foi.

197. Cette grande famille devrait inclure avec beaucoup d'amour les mères adolescentes, les enfants sans pères, les femmes seules qui doivent assurer l'éducation de leurs enfants, les personnes porteuses de divers handicaps qui

---

223 Jean-Paul II, Exhort. ap. *Familiaris consortio* (22 novembre 1981), n. 18 : *AAS* 74 (1982), p. 101.

ont besoin de beaucoup d'affection et de proximité, les jeunes qui luttent contre l'addiction, les célibataires, les personnes séparées de leurs conjoints ou les personnes veuves qui souffrent de solitude, les personnes âgées ainsi que les malades qui ne reçoivent pas le soutien de leurs enfants, et « même les plus brisés dans les conduites de leur vie »[224] en font partie. Cette famille élargie peut aussi aider à compenser les fragilités des parents, ou détecter et dénoncer à temps les situations possibles de violence ou même d'abus subies par les enfants, en leur offrant un amour sain et une protection familiale lorsque les parents ne peuvent l'assurer.

198. Enfin, on ne peut oublier que dans cette grande famille, il y a aussi le beau-père, la belle-mère et tous les parents du conjoint. Une délicatesse propre à l'amour consiste à éviter de les voir comme des concurrents, comme des êtres dangereux, comme des envahisseurs. L'union conjugale exige de respecter leurs traditions et leurs coutumes, d'essayer de comprendre leur langage, de s'abstenir de critiques, de prendre soin d'eux et de les porter d'une certaine manière dans le cœur, même lorsqu'il faut préserver l'autonomie légitime et l'intimité du couple. Ces attitudes sont également une manière exquise d'exprimer au conjoint la générosité du don de soi plein d'amour.

---

224 *Catéchèse* (7 octobre 2015): *L'Osservatore Romano,* éd. en langue française, 8 octobre 2015, p. 2.

Sixième chapitre

QUELQUES PERSPECTIVES PASTORALES

199. Les dialogues lors du parcours synodal ont conduit à envisager la nécessité de chercher de nouveaux chemins pastoraux, que j'essaierai d'exposer maintenant de manière générale. Ce sont les différentes communautés qui devront élaborer des propositions plus pratiques et efficaces, qui prennent en compte aussi bien les enseignements de l'Église que les nécessités et les défis locaux. Sans prétendre présenter ici une pastorale de la famille, je voudrais m'arrêter uniquement sur quelques-uns des grands défis pastoraux.

Annoncer l'Évangile de la famille aujourd'hui

200. Les Pères synodaux ont insisté sur le fait que les familles chrétiennes, par la grâce du sacrement de mariage, sont les principaux acteurs de la pastorale familiale, surtout en portant « le témoignage joyeux des époux et des familles, Églises domestiques ».[225] Voilà pourquoi ils ont fait remarquer qu'« il s'agit de faire en sorte que les personnes puissent expérimenter que l'Évangile de

225 *Relatio Synodi 2014,* n. 30.

la famille est une joie qui "remplit le cœur et la vie tout entière", car dans le Christ nous sommes "libérés du péché, de la tristesse, du vide intérieur, de l'isolement" (*Evangelii gaudium*, n. 1). À la lumière de la parabole du semeur (cf. *Mt* 13,3-9), notre devoir est de coopérer pour les semailles : le reste, c'est l'œuvre de Dieu. Il ne faut pas oublier non plus que l'Église qui prêche sur la famille est un signe de contradiction »[226] ; mais les couples sont reconnaissants aux Pasteurs de leur offrir des motivations pour le pari courageux d'un amour fort, solide, durable, capable de tout affronter sur son chemin. L'Église voudrait se rapprocher des familles avec une humble compréhension, et son désir « est d'accompagner toutes les familles et chacune d'elles afin qu'elles découvrent la meilleure voie pour surmonter les difficultés qu'elles rencontrent sur leur route »[227]. Il ne suffit pas d'intégrer une préoccupation générique pour la famille dans les grands projets pastoraux. Pour que les familles puissent être toujours davantage des sujets actifs de la pastorale familiale, il faut « un effort d'évangélisation et de catéchisme »[228] envers la famille, qui l'oriente dans ce sens.

201. Cela exige de toute l'Église « une conversion missionnaire [...] : il est nécessaire de ne pas s'en tenir à une annonce purement théorique et détachée des problèmes réels des gens »[229]. La pastorale familiale « doit faire connaître par l'expérience que l'Évangile de la

226 *Ibid.*, n. 31.
227 *Relatio finalis 2015*, n. 56.
228 *Ibid.*, n. 89.
229 *Relatio Synodi 2014*, n. 32.

famille est une réponse aux attentes les plus profondes de la personne humaine : à sa dignité et à sa pleine réalisation dans la réciprocité, dans la communion et dans la fécondité. Il ne s'agit pas seulement de présenter des normes, mais de proposer des valeurs en répondant ainsi au besoin que l'on constate aujourd'hui, même dans les pays les plus sécularisés ».[230] De même, on a « souligné la nécessité d'une évangélisation qui dénonce avec franchise les conditionnements culturels, sociaux et économiques, comme la place excessive donnée à la logique du marché, qui empêchent une vie familiale authentique, entraînant des discriminations, la pauvreté, des exclusions et la violence. Voilà pourquoi il faut développer un dialogue et une coopération avec les structures sociales ; les laïcs qui s'engagent, en tant que chrétiens, dans les domaines culturel et sociopolitique, doivent être encouragés et soutenus ». [231]

202. « C'est la paroisse qui offre la contribution principale à la pastorale familiale. Elle est une famille de familles, où les apports de petites communautés, associations et mouvements ecclésiaux s'harmonisent »[232]. En même temps qu'une pastorale spécifiquement orientée vers les familles, on sent le besoin d'« une formation plus adéquate des prêtres, des diacres, des religieux et des religieuses, des catéchistes et des autres agents pastoraux ».[233] Dans les réponses aux questionnaires envoyés partout dans

230 *Ibid.*, n. 33.

231 *Ibid.*, n. 38.

232 *Relatio finalis 2015*, n. 77.

233 *Ibid.*, n. 61.

le monde, il a été souligné qu'il manque souvent aux ministres ordonnés la formation adéquate pour traiter les problèmes complexes actuels des familles. De même, l'expérience de la vaste tradition orientale des prêtres mariés pourrait être utile.

203. Les séminaristes devraient recevoir une formation interdisciplinaire plus étendue sur les fiançailles et le mariage, et non seulement une formation doctrinale. En outre, la formation ne leur permet pas toujours de s'épanouir psychologiquement et affectivement. Sur la vie de certains pèse l'expérience de leur propre famille blessée, du fait de l'absence du père et de l'instabilité émotionnelle. Il faudra garantir durant la formation une maturation pour que les futurs ministres aient l'équilibre psychique que leur mission exige. Les liens familiaux sont fondamentaux pour fortifier la saine estime de soi chez les séminaristes. Par conséquent, il est important que les familles accompagnent tout le parcours du séminaire et du sacerdoce, puisqu'elles aident à l'affermir d'une manière réaliste. Dans ce sens, associer un certain temps de vie au séminaire à un autre temps de vie dans les paroisses est sain ; cela permet d'être plus en contact avec la réalité concrète des familles. En effet, tout au long de sa vie pastorale, le prêtre rencontre surtout les familles. « La présence des laïcs et des familles, en particulier la présence féminine, dans la formation sacerdotale, permet de mieux apprécier la diversité et la complémentarité des diverses vocations dans l'Église »[234].

---

234 *Ibid*

204. Les réponses aux questionnaires font également état, avec insistance, de la nécessité de la formation des agents laïcs de la pastorale familiale grâce à l'aide de psychopédagogues, de médecins de famille, de médecins communautaires, d'assistants sociaux, d'avocats de mineurs et de famille, ainsi que de l'ouverture d'esprit pour recevoir les apports de la psychologie, de la sociologie, de la sexologie, y compris du *counseling*. Les professionnels, surtout ceux qui ont l'expérience de l'accompagnement, aident à concrétiser les directives pastorales dans les situations réelles et dans les inquiétudes concrètes des familles. « Des parcours et des cours de formation destinés spécifiquement aux agents pastoraux doivent rendre ceux-ci capables de bien intégrer ce parcours de préparation au mariage dans la dynamique plus vaste de la vie ecclésiale ».[235] Une bonne formation pastorale est importante « notamment en vue des situations particulières d'urgence liées à des cas de violence domestique et d'abus sexuel ».[236] Tout cela ne diminue d'aucune manière, mais complète la valeur fondamentale de la direction spirituelle, des inestimables ressources spirituelles de l'Église et de la Réconciliation sacramentelle.

235 *Ibid.*
236 *Ibid.*

Guider les fiancés sur le chemin de la préparation au mariage

205. Les Pères synodaux ont signalé de diverses manières que nous avons besoin d'aider les jeunes à découvrir la valeur et la richesse du mariage[237]. Ceux-ci doivent pouvoir percevoir l'attrait d'une union plénière qui élève et perfectionne la dimension sociale de l'existence, donne à la sexualité son sens entier, et qui en même temps promeut le bien des enfants et leur offre le meilleur environnement possible pour leur maturation ainsi que pour leur éducation.

206. « La situation sociale complexe et les défis auxquels la famille est appelée à faire face exigent de toute la communauté chrétienne davantage d'efforts pour s'engager dans la préparation au mariage des futurs époux. Il faut rappeler l'importance des vertus. Parmi elles, la chasteté apparaît comme une condition précieuse pour la croissance authentique de l'amour interpersonnel. En ce qui concerne cette nécessité, les Pères synodaux ont souligné d'un commun accord l'exigence d'une plus grande implication de l'ensemble de la communauté, en privilégiant le témoignage des familles elles-mêmes, et d'un enracinement de la préparation au mariage dans l'itinéraire de l'initiation chrétienne, en soulignant le lien du mariage avec le baptême et les autres sacrements. De même, la nécessité de programmes spécifiques a été mise en évidence pour la préparation proche du mariage, afin

237 Cf. *Relatio Synodi 2014*, n. 26.

qu'ils constituent une véritable expérience de participation à la vie ecclésiale et approfondissent les différents aspects de la vie familiale »[238].

207. J'invite les communautés chrétiennes à reconnaître qu'accompagner le cheminement d'amour des fiancés est un bien pour elles-mêmes. Comme les Évêques d'Italie l'ont si bien exprimé, ceux qui se marient sont pour leur communauté chrétienne « une précieuse ressource, car, en s'engageant, dans la sincérité, à grandir dans l'amour et dans le don réciproque, ils peuvent contribuer à rénover le tissu même de tout le corps ecclésial : la forme particulière d'amitié qu'ils vivent peut devenir contagieuse, et faire grandir dans l'amitié et dans la fraternité la communauté chrétienne dont ils font partie ». [239] Il y a diverses manières légitimes d'organiser la préparation immédiate au mariage, et chaque Église locale discernera ce qui est mieux, en offrant une formation adéquate qui en même temps n'éloigne pas les jeunes du sacrement. Il ne s'agit pas de leur exposer tout le Catéchisme ni de les saturer avec trop de thèmes. Car ici aussi, il est vrai que « ce n'est pas le fait de savoir beaucoup qui remplit et satisfait l'âme, mais le fait de sentir et de savourer les choses intérieurement »[240]. La qualité importe plus que la quantité, et il faut donner priorité – en même temps qu'à une annonce renouvelée du *kérygme* – à ces contenus qui,

---

238 *Ibid.*, n. 39.

239 Conférence Épiscopale Italienne. Commission épiscopale pour la famille et la vie, *Orientamenti pastorali sulla preparazione al matrimonio e alla famiglia*, (22 octobre 2012), n. 1.

240 Ignace de Loyola, *Exercices Spirituels*, annotation 2.

communiqués de manière attractive et cordiale, les aident à s'engager « de tout cœur et généreusement »[241] dans un parcours qui durera toute la vie. Il s'agit d'une sorte d'« initiation » au sacrement du mariage qui leur apporte les éléments nécessaires pour pouvoir le recevoir dans les meilleures dispositions et commencer avec une certaine détermination la vie familiale.

208. En outre, il convient de trouver les moyens, à travers les familles missionnaires, les familles des fiancés eux-mêmes et à travers diverses ressources pastorales, d'offrir une préparation lointaine qui fasse mûrir leur amour réciproque, grâce à un accompagnement de proximité et de témoignage. Généralement, les groupes de fiancés et les offres d'entretiens libres sur des thèmes variés qui intéressent réellement les jeunes, sont très utiles. Cependant, certains moments personnalisés sont indispensables, car le principal objectif est d'aider chacun à apprendre à aimer cette personne concrète avec laquelle il veut partager toute sa vie. Apprendre à aimer quelqu'un n'est pas quelque chose qui s'improvise ni qui peut être l'objectif d'un bref cours préalable à la célébration du mariage. En réalité, chaque personne se prépare au mariage dès sa naissance. Tout ce que sa famille lui a apporté devrait lui permettre d'apprendre de sa propre histoire et la former à un engagement total et définitif. Probablement, ceux qui arrivent, mieux préparés, au mariage sont ceux qui ont appris de leurs propres parents ce qu'est un mariage chrétien, où tous les deux se sont choisis sans

241 *Ibid.*, annotation 5.

conditions, et continuent de renouveler cette décision. Dans ce sens, toutes les actions pastorales destinées à aider les couples à grandir dans l'amour et à vivre l'Évangile dans la famille sont une aide inestimable pour que leurs enfants se préparent à leur future vie matrimoniale. Il ne faut pas non plus oublier les précieuses ressources de la pastorale populaire. Pour prendre un exemple simple, je me rappelle le jour de la saint Valentin, qui, dans certains pays, profite plus aux commerçants qu'à la créativité des pasteurs.

209. La préparation de ceux qui ont déjà formalisé les fiançailles, lorsque la communauté paroissiale parvient à les accompagner suffisamment à l'avance, doit aussi leur donner la possibilité de reconnaître des incompatibilités ou des risques. De cette manière, on peut arriver à se rendre compte qu'il n'est pas raisonnable de miser sur cette relation, pour ne pas s'exposer à un échec prévisible qui aura des conséquences très douloureuses. Le problème, c'est que l'enchantement du début amène à tenter d'occulter ou de relativiser beaucoup de choses ; on évite d'exprimer les désaccords, et ainsi les difficultés ne font que s'accumuler pour plus tard. Les fiancés devraient être encouragés et aidés à pouvoir parler de ce que chacun attend d'un éventuel mariage, de sa conception de l'amour et de l'engagement, de ce qu'il désire de l'autre, du type de vie en commun qu'il voudrait projeter. Ces conversations peuvent aider à voir qu'en réalité il y a peu de points communs, et que la pure attraction mutuelle ne sera pas suffisante pour soutenir l'union. Rien n'est plus volatil, plus précaire et plus imprévisible que le désir, et il ne faut

jamais encourager la décision de contracter le mariage si d'autres motivations n'ont pas pris racine pour donner à cet engagement des possibilités réelles de stabilité.

210. En tout cas, si les points faibles de l'autre sont reconnus clairement, il faut une confiance réaliste dans la possibilité de l'aider à développer le meilleur de sa personne pour contrebalancer le poids de ses fragilités, avec le ferme objectif de le promouvoir comme être humain. Cela implique d'accepter avec une volonté solide la possibilité d'affronter certains renoncements, des moments difficiles et des situations conflictuelles, ainsi que la décision ferme de s'y préparer. On doit pouvoir détecter les signes de danger pouvant affecter la relation, pour trouver avant le mariage des ressources qui permettront de les affronter avec succès. Malheureusement, beaucoup arrivent au mariage sans se connaître. Ils se sont uniquement distraits ensemble, ils ont fait des expériences ensemble, mais n'ont pas affronté le défi de se révéler l'un à l'autre et d'apprendre qui est en réalité l'autre.

211. Aussi bien la préparation immédiate que l'accompagnement plus prolongé doivent assurer que les fiancés ne voient pas le mariage comme la fin du parcours, mais qu'ils assument le mariage comme une vocation qui les lance vers l'avant, avec la décision ferme et réaliste de traverser ensemble toutes les épreuves et les moments difficiles. La pastorale prématrimoniale et la pastorale matrimoniale doivent être avant tout une pastorale du lien, par laquelle sont apportés des éléments qui aident tant à faire mûrir

l'amour qu'à surpasser les moments durs. Ces apports ne sont pas uniquement des convictions doctrinales, et ne peuvent même pas être réduits aux précieuses ressources spirituelles que l'Église offre toujours, mais ils doivent aussi être des parcours pratiques, des conseils bien concrets, des tactiques issues de l'expérience, des orientations psychologiques. Tout cela configure une pédagogie de l'amour qui ne peut ignorer la sensibilité actuelle des jeunes, en vue de les motiver intérieurement. En même temps, dans la préparation des fiancés, il doit être possible de leur indiquer des lieux et des personnes, des cabinets ou des familles disponibles, auxquels ils pourront recourir pour chercher de l'aide en cas de difficultés. Mais il ne faut jamais oublier de leur proposer la Réconciliation sacramentelle, qui permet de placer les péchés et les erreurs de la vie passée, et de la relation elle-même, sous l'influence du pardon miséricordieux de Dieu et de sa force qui guérit.

La préparation de la célébration

212. La préparation immédiate du mariage tend à se focaliser sur les invitations, les vêtements, la fête et les détails innombrables qui consomment aussi bien les ressources économiques que les énergies et la joie. Les fiancés arrivent au mariage, stressés et épuisés, au lieu de consacrer leurs meilleures forces à se préparer comme couple pour le grand pas qu'ils vont faire ensemble. Cette mentalité se reflète aussi dans certaines unions de fait qui n'arrivent jamais au mariage parce qu'elles pensent à des réjouissances trop coûteuses, au lieu de donner la

priorité à l'amour mutuel et à sa formalisation devant les autres. Chers fiancés : ayez le courage d'être différents, ne vous laissez pas dévorer par la société de consommation et de l'apparence. Ce qui importe, c'est l'amour qui vous unit, consolidé et sanctifié par la grâce. Vous êtes capables d'opter pour une fête sobre et simple, pour placer l'amour au-dessus de tout. Les agents pastoraux et la communauté entière peuvent aider à ce que cette priorité devienne la norme et ne soit plus l'exception.

213. Dans la préparation la plus immédiate, il est important d'éclairer les fiancés pour qu'ils vivent vraiment en profondeur la célébration liturgique, les aidant à percevoir et à vivre le sens de chaque geste. Rappelons-nous qu'un engagement, si important comme celui qui exprime le consentement matrimonial, et l'union des corps qui consomme le mariage, lorsqu'il s'agit de deux baptisés, ne peuvent qu'être interprétés comme signes de l'amour du Fils de Dieu fait chair et uni à son Église dans une alliance d'amour. Chez les baptisés, les mots et les gestes se convertissent en un langage éloquent de la foi. Le corps, grâce aux sens que Dieu a voulu y infuser en le créant, « devient le langage des ministres du sacrement, conscients que dans le pacte conjugal s'exprime et se réalise le mystère ».[242]

214. Parfois les fiancés ne perçoivent pas le poids théologique et spirituel du consentement, qui éclaire le

---

242 Jean-Paul II, *Catéchèse* (27 juin 1984), n. 4 : *L'Osservatore Romano,* éd. en langue française, 3 juillet 1984, p. 12

sens de tous les gestes postérieurs. Il faut souligner que ces paroles ne peuvent pas être réduites au présent ; elles impliquent une totalité qui inclut l'avenir : "jusqu'à ce que la mort les sépare". Le sens du consentement montre que « la liberté et la fidélité ne s'opposent [...] pas l'une à l'autre, elles se soutiennent même réciproquement, que ce soit dans les relations interpersonnelles, ou dans les relations sociales. En effet, [...] pensons aux dommages que produisent, dans la civilisation de la communication mondiale, l'inflation de promesses qui ne sont pas tenues [...]. L'honneur à la parole donnée, la fidélité à la promesse, ne peuvent ni s'acheter ni se vendre. On ne peut pas obliger par la force, mais pas davantage protéger sans sacrifice ».[243]

215. Les évêques du Kenya ont fait remarquer que « trop préoccupés par le jour du mariage, les futurs époux oublient qu'ils se préparent à un engagement qui durera toute la vie ».[244] Il faut aider les gens à se rendre compte que le sacrement n'est pas seulement un moment qui par la suite relève du passé et des souvenirs, car il exerce son influence sur toute la vie matrimoniale, d'une manière permanente.[245] Le sens procréatif de la sexualité, le langage du corps et les gestes d'amour vécus dans l'histoire d'un mariage, se convertissent en une « continuité ininter-

---

243 *Catéchèse* (21 octobre 2015) : *L'Osservatore Romano,* éd. en langue française, 22 octobre 2015, p. 2.

244 Conférence Épiscopale du Kenya, *Message of Lent*, 18 février 2015.

245 Cf. Pie XI, Lettre enc. *Casti connubii* (31 décembre 1930) : *AAS* 22, p. 583.

rompue du langage liturgique » et « la vie conjugale devient, dans un certain sens, liturgie ».[246]

216. De même, on peut méditer à partir des lectures bibliques et enrichir la compréhension des alliances qui sont échangées, ou d'autres signes qui font partie du rite. Mais il ne serait pas bon qu'ils arrivent au mariage sans avoir prié ensemble, l'un pour l'autre, en sollicitant l'aide de Dieu pour être fidèles et généreux, lui demandant ensemble ce qu'il attend d'eux, y compris en consacrant leur amour auprès d'une statue de Marie. Ceux qui les accompagnent dans la préparation du mariage devraient les orienter pour qu'ils sachent vivre ces moments de prière qui peuvent leur faire beaucoup de bien. « La liturgie nuptiale est un événement unique, qui se vit dans le contexte familial et social d'une fête. Le premier signe de Jésus se produit au banquet des noces de Cana : le bon vin du miracle du Seigneur, qui égaye la naissance d'une nouvelle famille, est le vin nouveau de l'Alliance du Christ avec les hommes et les femmes de tout temps [...]. Fréquemment, le célébrant a l'opportunité de s'adresser à une assemblée composée de personnes qui participent peu à la vie ecclésiale ou qui appartiennent à une autre confession chrétienne ou à une autre communauté religieuse. Il s'agit là d'une occasion précieuse d'annoncer l'Évangile du Christ ».[247]

246 Jean-Paul II, *Catéchèse* (4 juillet 1984), nn. 3.6 : *L'Osservatore Romano,* éd. en langue française, 10 juillet 1984, p. 12.
247 *Relatio finalis 2015,* n. 59.

Accompagner dans les premières années de la vie matrimoniale

217. Nous devons reconnaître comme une grande valeur qu'on comprenne que le mariage est une question d'amour, que seuls peuvent se marier ceux qui se choisissent librement et s'aiment. Toutefois, lorsque l'amour devient une pure attraction ou un sentiment vague, les conjoints souffrent alors d'une très grande fragilité quand l'affectivité entre en crise ou que l'attraction physique décline. Étant donné que ces confusions sont fréquentes, il s'avère indispensable d'accompagner les premières années de la vie matrimoniale pour enrichir et approfondir la décision consciente et libre de s'appartenir et de s'aimer jusqu'à la fin. Bien des fois, le temps des fiançailles n'est pas suffisant, la décision de se marier est précipitée pour diverses raisons, et, de surcroît, la maturation des jeunes est tardive. Donc, les jeunes mariés doivent compléter ce processus qui aurait dû avoir été réalisé durant les fiançailles.

218. D'autre part, je voudrais insister sur le fait qu'un défi de la pastorale matrimoniale est d'aider à découvrir que le mariage ne peut se comprendre comme quelque chose d'achevé. L'union est réelle, elle est irrévocable, et elle a été confirmée et consacrée par le sacrement de mariage. Mais en s'unissant, les époux deviennent protagonistes, maîtres de leur histoire et créateurs d'un projet qu'il faut mener à bien ensemble. Le regard se dirige vers l'avenir qu'il faut construire quotidiennement, avec la grâce de Dieu, et pour cela même, on n'exige pas du conjoint qu'il

soit parfait. Il faut laisser de côté les illusions et l'accepter tel qu'il est: inachevé, appelé à grandir, en évolution. Lorsque le regard sur le conjoint est constamment critique, cela signifie qu'on n'a pas assumé le mariage également comme un projet à construire ensemble, avec patience, compréhension, tolérance et générosité. Cela conduit à ce que l'amour soit peu à peu substitué par un regard inquisiteur et implacable, par le contrôle des mérites et des droits de chacun, par les réclamations, la concurrence et l'autodéfense. Ainsi, les conjoints deviennent incapables de se prendre en charge l'un l'autre pour la maturation des deux et pour la croissance de l'union. Il faut montrer cela aux jeunes couples avec une clarté réaliste dès le départ, en sorte qu'ils prennent conscience du fait qu'"ils sont en train de commencer". Le oui qu'ils ont échangé est le début d'un itinéraire, avec un objectif capable de surmonter les aléas liés aux circonstances et les obstacles qui s'interposent. La bénédiction reçue est une grâce et une impulsion pour ce parcours toujours ouvert. D'ordinaire, s'asseoir pour élaborer un projet concret dans ses objectifs, ses instruments, ses détails, les aide.

219. Je me rappelle un proverbe qui disait que l'eau stagnante se corrompt, se détériore. C'est ce qui se passe lorsque cette vie d'amour au cours des premières années de mariage stagne, cesse d'être en mouvement, cesse d'avoir cette mobilité qui la fait avancer. La danse qui fait avancer grâce à cet amour jeune, la danse avec ces yeux émerveillés vers l'espérance, ne doit pas s'arrêter. Au cours des fiançailles et des premières années de mariage, l'espérance est ce qui donne la force du levain, ce qui

fait regarder au-delà des contradictions, des conflits, des conjonctures, ce qui fait toujours voir plus loin. Elle est ce qui suscite toute préoccupation pour se maintenir sur un chemin de croissance. La même espérance nous invite à vivre à plein le présent, le cœur tout à la vie familiale, car la meilleure manière de préparer et de consolider l'avenir est de bien vivre le présent.

220. Le parcours implique de passer par diverses étapes qui invitent à se donner généreusement : de l'impact des débuts caractérisé par une attraction nettement sensible, on passe au besoin de l'autre, perçu comme une partie de sa propre vie. De là, on passe au plaisir de l'appartenance mutuelle, ensuite à la compréhension de la vie entière comme un projet à deux, à la capacité de mettre le bonheur de l'autre au-dessus de ses propres besoins, et à la joie de voir son propre couple comme un bien pour la société. La maturation de l'amour implique aussi d'apprendre à "négocier". Ce n'est pas une attitude intéressée ou un jeu de type commercial, mais en définitive un exercice de l'amour mutuel, car cette négociation est un mélange d'offrandes réciproques et de renoncements pour le bien de la famille. À chaque nouvelle étape de la vie matrimoniale, il faut s'asseoir pour renégocier les accords, de manière qu'il n'y ait ni vainqueurs ni perdants mais que les deux gagnent. Dans le foyer, les décisions ne se prennent pas unilatéralement, et les deux partagent la responsabilité de la famille, cependant chaque foyer est unique et chaque synthèse matrimoniale est différente.

221. L'une des causes qui conduisent à des ruptures matrimoniales est d'avoir des attentes trop élevées sur la vie conjugale. Lorsqu'on découvre la réalité, plus limitée et plus difficile que ce que l'on avait rêvé, la solution n'est pas de penser rapidement et de manière irresponsable à la séparation, mais d'assumer le mariage comme un chemin de maturation, où chacun des conjoints est un instrument de Dieu pour faire grandir l'autre. Le changement, la croissance, le développement des bonnes potentialités que chacun porte en lui, sont possibles. Chaque mariage est une "histoire de salut", et cela suppose qu'on part d'une fragilité qui, grâce au don de Dieu et à une réponse créative et généreuse, fait progressivement place à une réalité toujours plus solide et plus belle. Peut-être la plus grande mission d'un homme et d'une femme dans l'amour est-elle celle de se rendre l'un l'autre plus homme ou plus femme. Faire grandir, c'est aider l'autre à se mouler dans sa propre identité. Voilà pourquoi l'amour est artisanal. Lorsqu'on lit le passage de la Bible sur la création de l'homme et de la femme, on voit Dieu qui façonne d'abord l'homme (cf. *Gn* 2,7), puis qui s'aperçoit qu'il manque quelque chose d'essentiel et crée la femme ; et alors il constate la surprise de l'homme : "Ah ! maintenant oui, celle-ci oui !". Et ensuite il semble écouter ce beau dialogue où l'homme et la femme se découvrent progressivement. Car même dans les moments difficiles, l'autre surprend encore et de nouvelles portes s'ouvrent pour les retrouvailles, comme si c'était la première fois ; et à chaque nouvelle étape, ils se "façonnent" de nouveau mutuellement. L'amour fait qu'on attend l'autre et qu'on exerce cette patience propre à l'artisan héritier de Dieu.

MERCI

Chérie !

d'avoir fait notre lit

ce matin —

mille bises

xx

222. L'accompagnement doit encourager les époux à être généreux dans la communication de la vie : « Conformément au caractère personnel et humainement complet de l'amour conjugal, la bonne voie pour la planification familiale est celle d'un dialogue consensuel entre les époux, du respect des rythmes et de la considération de la dignité du partenaire. En ce sens, l'Encyclique *Humanae vitae* (cf. nn. 10-14) et l'Exhortation Apostolique *Familiaris consortio* (cf. nn. 14 ; 28-35) doivent être redécouvertes afin de [combattre] une mentalité souvent hostile à la vie. [...]. Le choix responsable de devenir parents présuppose la formation de la conscience, qui est "le centre le plus secret de l'homme, le sanctuaire où il est seul avec Dieu et où sa voix se fait entendre" (*Gaudium et spes,* n. 16). Plus les époux cherchent à écouter Dieu et ses commandements dans leur conscience (cf. *Rm* 2,15) et se font accompagner spirituellement, plus leur décision sera intimement libre vis-à-vis d'un choix subjectif et de l'alignement sur les comportements de leur environnement ».[248] Ce que le Concile Vatican II a exprimé avec clarté est encore valable : « D'un commun accord et d'un commun effort, [les époux] se formeront un jugement droit : ils prendront en considération à la fois et leur bien et celui des enfants déjà nés ou à naître ; ils discerneront les conditions aussi bien matérielles que spirituelles de leur époque et de leur situation ; ils tiendront compte enfin du bien de la communauté familiale, des besoins de la société temporelle et de l'Église elle-même. Ce jugement, ce sont en dernier ressort les époux eux-mêmes qui doivent

248 *Ibid.*, n. 63.

l'arrêter devant Dieu ».[249] D'autre part, « le recours aux méthodes fondées sur les "rythmes naturels de fécondité" (*Humanae vitae*, n. 11) devra être encouragé. On mettra en lumière que "ces méthodes respectent le corps des époux, encouragent la tendresse entre eux et favorisent l'éducation d'une liberté authentique" (*Catéchisme de l'Église catholique*, n. 2370). Il faut toujours mettre en évidence le fait que les enfants sont un don merveilleux de Dieu, une joie pour les parents et pour l'Église. À travers eux, le Seigneur renouvelle le monde ». [250]

Quelques ressources

223. Les Pères synodaux ont signalé que « les premières années de mariage sont une période vitale et délicate durant laquelle les couples prennent davantage conscience des défis et de la signification du mariage. D'où l'exigence d'un accompagnement pastoral qui se poursuive après la célébration du sacrement (cf. *Familiaris consortio*, IIIème partie). Dans cette pastorale, la présence de couples mariés ayant une certaine expérience apparaît d'une grande importance. La paroisse est considérée comme le lieu où des couples expérimentés peuvent se mettre à la disposition des couples plus jeunes, avec l'éventuel concours d'associations, de mouvements ecclésiaux et de communautés nouvelles. Il faut encourager les époux à s'ouvrir à une attitude fondamentale d'accueil du grand don que représentent les enfants. Il faut souligner l'importance de la

---

249 Const. past. *Gaudium et spes*, sur l'Église dans le monde de ce temps, n. 50.

250 *Relatio finalis 2015*, n. 63.

spiritualité familiale, de la prière et de la participation à l'Eucharistie dominicale, en encourageant les couples à se réunir régulièrement pour favoriser la croissance de la vie spirituelle et la solidarité au niveau des exigences concrètes de la vie. Liturgies, pratiques dévotionnelles et Eucharisties célébrées pour les familles, surtout pour l'anniversaire du mariage ont été mentionnées comme étant vitales pour favoriser l'évangélisation à travers la famille ».[251]

224. Ce parcours est une question de temps. L'amour a besoin de temps disponible et gratuit, qui fait passer d'autres choses au second plan. Il faut du temps pour dialoguer, pour s'embrasser sans hâte, pour partager des projets, pour s'écouter, pour se regarder, pour se valoriser, pour renforcer la relation. Parfois le problème, c'est le rythme frénétique de la société, ou les horaires qu'imposent les engagements du travail. D'autres fois le problème est que le temps passé ensemble n'est pas de qualité. Nous partageons uniquement un espace physique mais sans nous prêter attention mutuellement. Les agents pastoraux et les groupes matrimoniaux devraient aider les jeunes couples ou ceux qui sont fragiles à apprendre à se rencontrer en ces moments, à s'arrêter l'un en face de l'autre, voire à partager des moments de silence qui les obligent à expérimenter la présence du conjoint.

225. Les couples qui ont une bonne expérience dans ce domaine, peuvent faire part des moyens pratiques qui leur

251 *Relatio Synodi 2014,* n. 40.

ont été utiles: la programmation des moments pour être ensemble gratuitement, les temps de détente avec les enfants, les diverses manières de célébrer des choses importantes, les espaces de spiritualité partagée. Mais ils peuvent également faire part des moyens qui aident à donner un contenu et un sens à ces moments, pour apprendre à mieux communiquer entre eux. Cela est d'une importance capitale lorsque la nouveauté des fiançailles s'est estompée. Car quand on ne sait que faire des moments à partager, l'un ou l'autre des conjoints finira par se réfugier dans la technologie, inventera d'autres engagements, cherchera d'autres bras ou s'échappera d'une intimité gênante.

226. Il faut aussi inciter les jeunes couples à créer leur propre routine, qui offre une saine sensation de stabilité et de protection, et qui se construit par une série de rites quotidiens partagés. C'est bon de se donner toujours un baiser le matin, se bénir toutes les nuits, attendre l'autre et le recevoir lorsqu'il arrive, faire des sorties ensemble, partager les tâches domestiques. Mais en même temps, il est bon d'interrompre la routine par la fête, de ne pas perdre la capacité de célébrer en famille, de se réjouir et de fêter les belles expériences. Ils ont besoin de se faire réciproquement des surprises par les dons de Dieu et d'alimenter ensemble la joie de vivre. Lorsqu'on sait célébrer, cette capacité renouvelle l'énergie de l'amour, le libère de la monotonie et remplit la routine quotidienne de couleurs ainsi que d'espérance.

227. Nous les Pasteurs, nous devons encourager les familles à grandir dans la foi. À cet effet, il est bon

d'encourager la confession fréquente, la direction spirituelle, l'assistance à des retraites. Toutefois, il ne faut pas cesser d'inviter à créer des espaces hebdomadaires de prière familiale, car "la famille qui prie unie, demeure unie". De même, lorsque nous visitons les familles, nous devrions convoquer tous les membres de la famille à un moment donné pour prier les uns pour les autres et pour remettre la famille dans les mains du Seigneur. En même temps, il faut encourager chacun des conjoints à avoir des moments de prière dans la solitude face à Dieu, car chacun a ses croix secrètes. Pourquoi ne pas dire à Dieu ce qui perturbe le cœur, ou lui demander la force de guérir les blessures personnelles, et implorer la lumière nécessaire pour pouvoir répondre à son propre engagement ? Les Pères synodaux ont aussi fait remarquer que « la Parole de Dieu est source de vie et de spiritualité pour la famille. Toute la pastorale familiale devra se laisser modeler intérieurement et former les membres de l'Église domestique grâce à la lecture orante et ecclésiale de l'Écriture Sainte. La Parole de Dieu n'est pas seulement une bonne nouvelle pour la vie privée des personnes, mais c'est aussi un critère de jugement et une lumière pour le discernement des différents défis auxquels sont confrontés les époux et les familles ».[252]

228. Il est possible que l'un des deux conjoints ne soit pas baptisé, ou qu'il ne veuille pas vivre les engagements de la foi. Dans ce cas, le désir de l'autre de vivre et de grandir comme chrétien fait que l'indifférence de ce conjoint est

252 *Ibid.*, n. 34.

vécue avec douleur. Cependant, il est possible de trouver certaines valeurs communes qui peuvent être partagées et être cultivées avec enthousiasme. De toute manière, aimer le conjoint incroyant, le rendre heureux, soulager ses souffrances et partager la vie avec lui est un vrai chemin de sanctification. D'autre part, l'amour est un don de Dieu, et là où il est répandu, il fait sentir sa force qui transforme, de façon parfois mystérieuse, au point où « le mari non croyant se trouve sanctifié par sa femme, et la femme non croyante se trouve sanctifiée par le mari croyant » (*1 Co* 7, 14).

229. Les paroisses, les mouvements, les écoles et d'autres institutions de l'Église peuvent se consacrer à diverses médiations pour protéger et vivifier les familles. Par exemple, à travers des moyens tels que : des réunions de couples voisins ou amis, de brèves retraites pour couples, des exposés de spécialistes sur des problématiques très concrètes de la vie familiale, des centres d'assistance matrimoniaux, des agents pastoraux chargés de s'entretenir avec les couples sur leurs difficultés et leurs aspirations, des cabinets-conseils pour différentes situations familiales (addictions, infidélité, violence familiale), des espaces de spiritualité, des ateliers de formation pour des parents ayant des enfants en difficulté, des assemblées familiales. Le secrétariat paroissial devrait avoir la possibilité d'accueillir cordialement et de traiter les urgences familiales, ou d'orienter facilement vers ceux qui pourront les aider. De même, il y a un accompagnement pastoral offert dans les groupes de couples, soit de service ou bien de mission, de prière, de formation, ou d'appui mutuel. Ces groupes offrent l'occasion de donner,

de vivre l'ouverture de la famille aux autres, de partager la foi, mais en même temps ils constituent un moyen pour renforcer le couple et le faire grandir.

230. Certes, beaucoup de couples disparaissent de la communauté chrétienne après le mariage, mais bien des fois nous perdons certaines occasions où ils réapparaissent, où nous pourrions leur proposer de nouveau de manière attractive l'idéal du mariage chrétien et les rapprocher des espaces d'accompagnement : je me réfère, par exemple, au baptême d'un enfant, à la première communion, ou bien lorsqu'ils participent aux funérailles ou au mariage d'un parent ou d'un ami. Presque tous les couples réapparaissent à ces occasions, dont on pourrait tirer meilleur profit. Un autre parcours de rapprochement est la bénédiction des familles ou bien la visite d'une statue de la Vierge, qui offrent l'occasion d'avoir un dialogue pastoral sur la situation de la famille. De même, il peut être utile d'assigner aux couples plus expérimentés la tâche d'accompagner les couples de leur voisinage plus jeunes, pour les visiter, les accompagner au début et leur proposer un parcours de croissance. Au rythme de vie actuel, la majeure partie des mariés ne sont pas disposés à des réunions fréquentes, et nous ne pouvons pas nous limiter à une pastorale destinée à de petits groupes d'élites. Aujourd'hui, la pastorale familiale doit être fondamentalement missionnaire, en sortie, de proximité, au lieu de se limiter à être une usine de cours auxquels peu de personnes prennent part.

Éclairer les crises, les angoisses et les difficultés

231. Il faut un mot à l'adresse de ceux qui, dans l'amour ont déjà fait vieillir le vin nouveau des fiançailles. Lorsque le vin vieillit grâce à cette expérience du chemin parcouru, la fidélité dans les petits détails de la vie s'y manifeste, fleurit dans toute sa plénitude. C'est la fidélité de l'attente et de la patience. C'est comme si cette fidélité pleine de sacrifices et de joies fleurissait à l'âge où tout vieillit ; et les yeux deviennent brillants en contemplant les petits-enfants. Il en était ainsi dès le commencement, mais cela est déjà devenu conscient, solide, a mûri grâce à la surprise quotidienne de la redécouverte jour après jour, année après année. Comme enseignait saint Jean de la Croix, « les vieux amants » sont ceux qui sont « exercés de longue main et ayant fait leurs preuves ». Ils « n'ont plus cette ferveur sensible, cette fermentation spirituelle, ces bouillonnements extérieurs. Ils goûtent la suavité du vin d'amour parfaitement cuit jusqu'à la substance [...] fixée au plus intime de l'âme ». [253] Cela suppose d'avoir été capables de surmonter ensemble les crises et les temps d'angoisse, sans fuir les défis ni cacher les difficultés.

Le défi des crises

232. L'histoire d'une famille est jalonnée de crises en tout genre, qui font aussi partie de sa dramatique beauté. Il faut aider à découvrir qu'une crise surmontée ne conduit pas à

---

253 *Cantique Spirituel B*, XXV, 11, dans : Œuvres Complètes, éd. Cerf, Paris 1990, pp. 1353-1354.

une relation de moindre intensité mais conduit à améliorer, affermir et mûrir le vin de l'union. On ne cohabite pas pour être toujours moins heureux, mais pour apprendre à être heureux d'une nouvelle manière, à partir des possibilités qu'ouvre une nouvelle étape. Chaque crise implique un apprentissage qui permet d'accroître l'intensité de la vie partagée, ou au moins de trouver un nouveau sens à l'expérience matrimoniale. Il ne faut d'aucune manière se résigner à une courbe descendante, à une détérioration inévitable, à une médiocrité supportable. Au contraire, lorsque le mariage est assumé comme une mission, qui implique également de surmonter des obstacles, chaque crise est perçue comme l'occasion pour arriver à boire ensemble le meilleur vin. Il convient d'accompagner les conjoints pour qu'ils puissent accepter les crises qui surviennent, les affronter et leur réserver une place dans la vie familiale. Les couples expérimentés et formés doivent être disponibles pour accompagner les autres dans cette découverte, de manière que les crises ne les effraient pas ni ne les conduisent à prendre des décisions précipitées. Chaque crise cache une bonne nouvelle qu'il faut savoir écouter en affinant l'ouïe du cœur.

233. La réaction immédiate est de se révolter face au défi d'une crise, de se mettre sur la défensive parce qu'on sent qu'elle échappe au contrôle, car elle révèle l'insuffisance du mode personnel de vie, et cela dérange. Donc, on recourt au subterfuge de nier les problèmes, de les cacher, de relativiser leur importance, de miser uniquement sur le temps qui passe. Mais cela retarde la solution et conduit à investir beaucoup d'énergie dans une occultation inutile

qui compliquera encore davantage la situation. Les liens se détériorent progressivement et l'isolement se consolide, portant préjudice à l'intimité. Dans une crise non assumée, c'est la communication qui est la plus affectée. Ainsi, peu à peu, celui qui était "la personne que j'aime" devient "celui qui m'accompagne toujours dans la vie", puis seulement "le père ou la mère de mes enfants" et finalement un étranger.

234. Pour affronter une crise, il faut être présent. C'est difficile, car parfois les personnes s'isolent pour ne pas exposer ce qu'elles sentent, elles s'enferment dans un silence mesquin et trompeur. En ces moments, il est nécessaire de créer des espaces pour communiquer cœur à cœur. Le problème est qu'il devient plus difficile de communiquer de cette façon durant une crise si on n'avait jamais appris à le faire. C'est tout un art qu'on apprend dans des moments de calme, pour le mettre en pratique dans les temps durs. Il faut aider à découvrir les causes les plus cachées dans les cœurs des conjoints, et à les affronter comme un accouchement qui passera et fera naître un nouveau trésor. Mais les réponses aux consultations réalisées soulignent que dans les situations difficiles ou critiques, la majorité des gens ne recourt pas à l'accompagnement pastoral, puisqu'elle ne le sent pas compréhensif, proche, réaliste, concret. Par conséquent, essayons à présent de nous approcher des crises matrimoniales avec un regard qui n'ignore pas leur charge de douleur et d'angoisse.

235. Il y a des crises communes qui se produisent généralement dans tous les couples, comme la crise des débuts, lorsqu'il faut apprendre à rendre compatibles les différences et à se détacher des parents ; ou la crise de l'arrivée de l'enfant, avec ses nouveaux défis émotionnels ; la crise de l'allaitement, qui change les habitudes du couple ; la crise de l'adolescence de l'enfant, qui exige beaucoup d'énergie, déstabilise les parents et parfois les oppose l'un à l'autre ; la crise du "nid vide", qui oblige le couple à se regarder de nouveau lui-même ; la crise qui a son origine dans la vieillesse des parents des conjoints, qui demandent plus de présence, de soins et de décisions difficiles. Ce sont des situations exigeantes, qui provoquent des peurs, des sentiments de culpabilité, des dépressions ou des fatigues pouvant affecter gravement l'union.

236. A celles-là s'ajoutent les crises personnelles qui ont des incidences sur le couple, ayant trait aux difficultés économiques, de travail, affectives, sociales, spirituelles. Et s'y ajoutent des circonstances inattendues qui peuvent altérer la vie familiale, et qui exigent un cheminement de pardon et de réconciliation. Tandis qu'il tente de faire le pas du pardon, chacun doit se demander avec une sereine humilité s'il n'a pas créé les circonstances qui ont conduit l'autre à commettre certaines erreurs. Certaines familles succombent lorsque les conjoints s'accusent mutuellement, mais « l'expérience montre qu'avec une aide appropriée et par l'action réconciliatrice de la grâce, bon nombre de crises conjugales sont surmontées d'une manière satisfaisante. Savoir pardonner et se sentir

pardonné constitue une expérience fondamentale dans la vie familiale ».[254] « L'art difficile de la réconciliation, qui nécessite le soutien de la grâce, a besoin de la généreuse collaboration de parents et d'amis, et parfois même d'une aide externe et professionnelle ».[255]

237. Il est devenu fréquent que, lorsque quelqu'un sent qu'il ne reçoit pas ce qu'il désire, ou que ne se réalise pas ce dont il rêvait, cela semble suffisant pour mettre fin à un mariage. À cette allure, il n'y aura pas de mariage qui dure. Parfois, pour décider que tout est terminé, il suffit d'une insatisfaction, d'une absence à un moment où on avait besoin de l'autre, d'un orgueil blessé ou d'une peur diffuse. Il y a des situations propres à l'inévitable fragilité humaine, auxquelles on accorde une charge émotionnelle trop grande. Par exemple, la sensation de ne pas recevoir complètement la pareille, les jalousies, les différences qui surgissent entre les deux, l'attraction qu'éveillent d'autres personnes, les nouveaux intérêts qui tendent à accaparer le cœur, les changements physiques du conjoint, et tant d'autres choses qui, plus que des atteintes à l'amour, sont des opportunités qui invitent à le recréer une fois de plus.

238. Dans ces circonstances, certains ont la maturité nécessaire pour élire de nouveau l'autre comme compagnon de route, au-delà des limites de la relation, et acceptent avec réalisme qu'il ne peut satisfaire tous les rêves caressés. Ils évitent de se considérer comme les seuls

---

254 *Relatio Synodi 2014,* n. 44.
255 *Relatio finalis 2015,* n. 81.

martyrs, ils valorisent les possibilités, petites ou limitées, que leur donne la vie en famille et cherchent à renforcer le lien dans une construction qui demandera du temps et de l'effort. Car, au fond, ils reconnaissent que chaque crise est comme un nouveau "oui" qui permet à l'amour de renaître fortifié, transfiguré, mûri, illuminé. À partir d'une crise, on a le courage de chercher les racines profondes de ce qui se passe, de renégocier les accords de base, de trouver un nouvel équilibre et d'entamer ensemble une nouvelle étape. Avec une telle attitude d'ouverture constante, on peut affronter beaucoup de situations difficiles ! De toute façon, en reconnaissant que la réconciliation est possible, aujourd'hui nous découvrons qu'il est « particulièrement urgent de mettre en place un ministère dédié à ceux dont la relation conjugale s'est brisée ».[256]

Vieilles blessures

239. Il est compréhensible que dans les familles il y ait beaucoup de crises lorsque l'un de ses membres n'a pas mûri sa manière de nouer une relation, parce qu'il n'est pas guéri des blessures de l'une ou l'autre étape de sa vie. L'enfance ou l'adolescence mal vécues constituent un terreau de crises personnelles qui finissent par affecter le mariage. Si tous étaient des personnes qui ont mûri normalement, les crises seraient moins fréquentes ou moins douloureuses. Mais le fait est que parfois les personnes ont besoin de réaliser, à quarante ans, une maturation retardée qui devrait avoir été atteinte à la fin de l'adole-

---

256 *Ibid.*, n. 78.

scence. Parfois, on aime d'un amour égocentrique propre à l'enfant, figé à une étape où la réalité est déformée et où on se laisse aller au caprice selon lequel tout tourne autour de soi. C'est un amour insatiable, qui crie et pleure lorsqu'il n'a pas ce qu'il désire. D'autres fois, on aime d'un amour figé dans l'adolescence, caractérisé par la confrontation, la critique acerbe, l'habitude de culpabiliser les autres, la logique du sentiment et de la fantaisie, où les autres doivent remplir ses propres vides ou satisfaire ses caprices.

240. Beaucoup finissent leur enfance sans avoir jamais senti qu'ils sont aimés inconditionnellement, et cela affecte leur capacité de faire confiance et de se donner. Une relation mal vécue avec ses propres parents et frères, qui n'a jamais été guérie, réapparaît et nuit à la vie conjugale. Donc, il faut suivre un processus de libération qu'on n'a jamais affronté. Lorsque la relation entre les conjoints ne fonctionne pas bien, avant de prendre des décisions importantes, il convient de s'assurer que chacun a effectué ce parcours de guérison de sa propre histoire. Cela exige de reconnaître le besoin de guérir, de demander avec insistance la grâce de pardonner et de se pardonner, d'accepter de l'aide, de chercher des motivations positives et de recommencer sans cesse. Chacun doit être très sincère avec lui-même pour reconnaître que sa façon de vivre l'amour est immature. Il a beau sembler évident que toute la faute est de l'autre, il n'est jamais possible de surmonter une crise en espérant qu'uniquement l'autre change. De même, il faut s'interroger sur ce par rapport à quoi on

pourrait soi-même mûrir ou guérir afin de favoriser la résolution du conflit.

Accompagner après les ruptures et les divorces

241. Dans certains cas, la valorisation de sa propre dignité et du bien des enfants exige de mettre des limites fermes aux prétentions excessives de l'autre, à une grande injustice, à la violence ou à un manque de respect qui est devenu chronique. Il faut reconnaître qu'« il y a des cas où la séparation est inévitable. Parfois, elle peut devenir moralement nécessaire, lorsque justement, il s'agit de soustraire le conjoint le plus faible, ou les enfants en bas âge, aux blessures les plus graves causées par l'abus et par la violence, par l'avilissement et par l'exploitation, par l'extranéité et par l'indifférence ».[257] Mais on ne peut l'envisager que « comme un remède extrême après que l'on [a] vainement tenté tout ce qui était raisonnablement possible pour l'éviter ».[258]

242. Les Pères ont signalé qu'« un discernement particulier est indispensable pour accompagner pastoralement les personnes séparées, divorcées ou abandonnées. La souffrance de ceux qui ont subi injustement la séparation, le divorce ou l'abandon doit être accueillie et mise en valeur, de même que la souffrance de ceux qui ont été contraints de rompre la vie en commun à cause

257 *Catéchèse* (24 juin 2015) : *L'Osservatore Romano,* éd. en langue française, 25 juin 2015, p. 2.

258 Jean-Paul II, Exhort. ap. *Familiaris consortio* (22 novembre 1981), n. 83 : *AAS* 74 (1982), p. 184.

des mauvais traitements de leur conjoint. Le pardon pour l'injustice subie n'est pas facile, mais c'est un chemin que la grâce rend possible. D'où la nécessité d'une pastorale de la réconciliation et de la médiation, notamment à travers des centres d'écoute spécialisés qu'il faut organiser dans les diocèses ».[259] En même temps, « les personnes divorcées mais non remariées, qui sont souvent des témoins de la fidélité conjugale, doivent être encouragées à trouver dans l'Eucharistie la nourriture qui les soutienne dans leur état. La communauté locale et les Pasteurs doivent accompagner ces personnes avec sollicitude, surtout quand il y a des enfants ou qu'elles se trouvent dans de graves conditions de pauvreté ».[260] Un échec familial devient beaucoup plus traumatisant et douloureux dans la pauvreté, car il y a beaucoup moins de ressources pour réorienter l'existence. Une personne pauvre privée de l'environnement de protection que constitue la famille est doublement exposée à l'abandon et à tout genre de risques pour son intégrité.

243. Il est important de faire en sorte que les personnes divorcées engagées dans une nouvelle union sentent qu'elles font partie de l'Église, qu'elles "ne sont pas excommuniées" et qu'elles ne sont pas traitées comme telles, car elles sont incluses dans la communion ecclésiale.[261] Ces situations « exigent aussi [que ces divorcés bénéficient d'un] discernement attentif et [qu'ils soient] accompagnés

259 *Relatio Synodi 2014,* n. 47.

260 *Ibid.*, n. 50.

261 Cf. *Catéchèse* (5 août 2015): *L'Osservatore Romano,* éd. en langue française, 6-13 août 2015), p. 2.

avec beaucoup de respect, en évitant tout langage et toute attitude qui fassent peser sur eux un sentiment de discrimination ; il faut encourager leur participation à la vie de la communauté. Prendre soin d'eux ne signifie pas pour la communauté chrétienne un affaiblissement de sa foi et de son témoignage sur l'indissolubilité du mariage, c'est plutôt précisément en cela que s'exprime sa charité ».[262]

244. D'autre part, un grand nombre de Pères « a souligné la nécessité de rendre plus accessibles et souples, et si possible entièrement gratuites, les procédures en vue de la reconnaissance des cas de nullité ».[263] La lenteur des procès irrite et fatigue les gens. Mes deux récents Documents en la matière [264] ont conduit à une simplification des procédures en vue d'une éventuelle déclaration de nullité de mariage. À travers eux, j'ai voulu aussi « mettre en évidence que l'évêque lui-même dans son Église, dont il est constitué pasteur et chef, est par cela-même, juge des fidèles qui lui ont été confiés ».[265] Par conséquent, « la mise en œuvre de ces documents constitue donc une grande responsabilité pour les Ordinaires diocésains, appelés à juger eux-mêmes certaines causes et, en tout cas, à assurer un accès plus facile des fidèles à la justice. Cela implique la préparation

---

262 *Relatio Synodi 2014*, n. 51 ; cf. *Relatio finalis 2015*, n. 84.

263 *Relatio Synodi 2014*, n. 48.

264 Cf. Motu proprio *Mitis Iudex Dominus Iesus* (15 août 2015) : *L'Osservatore Romano,* 9 septembre 2015, pp. 3-4; Cf. Motu proprio *Mitis et Misericors Iesus* (15 août 2015) : *L'Osservatore Romano,* 9 septembre 2015, pp. 5-6.

265 Motu proprio *Mitis Iudex Dominus Iesus* (15 août 2015), préambule, III : *L'Osservatore Romano,* 9 septembre 2015, p. 3.

d'un personnel suffisant, composé de clercs et de laïcs, qui se consacre en priorité à ce service ecclésial. Il sera donc nécessaire de mettre à la disposition des personnes séparées ou des couples en crise, un service d'information, de conseil et de médiation, lié à la pastorale familiale, qui pourra également accueillir les personnes en vue de l'enquête préliminaire au procès matrimonial (cf. *Mitis Iudes*, Art. 2-3) ».[266]

245. Les Pères synodaux ont aussi souligné « les conséquences de la séparation ou du divorce sur les enfants qui sont, dans tous les cas, les victimes innocentes de cette situation ».[267] Au-delà de toutes les considérations qu'on voudra avancer, ils sont la première préoccupation, qui ne doit être occultée par aucun autre intérêt ou objectif. Je supplie les parents séparés : « il ne faut jamais, jamais, jamais prendre un enfant comme otage ! Vous vous êtes séparés en raison de nombreuses difficultés et motifs, la vie vous a fait vivre cette épreuve, mais que les enfants ne soient pas ceux qui portent le poids de cette séparation, qu'ils ne soient pas utilisés comme otages contre l'autre conjoint, qu'ils grandissent en entendant leur maman dire du bien de leur papa, bien qu'ils ne soient pas ensemble, et que leur papa parle bien de leur maman ».[268] C'est une irresponsabilité de nuire à l'image du père ou de la mère avec l'objectif d'accaparer l'affection de l'enfant, pour se venger ou pour

---

266 *Relatio finalis 2015*, n. 82.
267 *Relatio Synodi 2014*, n. 47.
268 *Catéchèse* (20 mai 2015) : *L'Osservatore Romano*, éd. en langue française, 21 mai 2015, p. 2.

se défendre, car cela affectera la vie intérieure de cet enfant et provoquera des blessures difficiles à guérir.

246. L'Église, même si elle comprend les situations conflictuelles que doivent traverser les couples, ne peut cesser d'être la voix des plus fragiles, qui sont les enfants qui souffrent, bien des fois en silence. Aujourd'hui, « malgré notre sensibilité en apparence évoluée, et toutes nos analyses psychologiques raffinées, je me demande si nous ne nous sommes pas aussi anesthésiés par rapport aux blessures de l'âme des enfants [...]. Sentons-nous le poids de la montagne qui écrase l'âme d'un enfant, dans les familles où l'on se traite mal et où l'on se fait du mal, jusqu'à briser le lien de la fidélité conjugale ? »[269] Ces mauvaises expériences n'aident pas à ce que ces enfants mûrissent pour être capables d'engagements définitifs. Par conséquent, les communautés chrétiennes ne doivent pas laisser seuls, dans leur nouvelle union, les parents divorcés. Au contraire, elles doivent les inclure et les accompagner dans leur responsabilité éducative. Car « comment pourrions-nous recommander à ces parents de faire tout leur possible pour éduquer leurs enfants à la vie chrétienne, en leur donnant l'exemple d'une foi convaincue et pratiquée, si nous les tenions à distance de la vie de la communauté, comme s'ils étaient excommuniés? Il faut faire en sorte de ne pas ajouter d'autres poids à ceux que les enfants, dans ces situations, doivent déjà porter ! »[270] Aider à guérir les blessures des parents et les protéger spirituellement

269 *Catéchèse* (24 juin 2015): *L'Osservatore Romano,* éd. en langue française, 25 juin 2015, p. 2.
270 *Catéchèse* (5 août 2015): *L'Osservatore Romano,* éd. en langue française, 6-13 août 2015, p. 2.

est un bien pour les enfants aussi, qui ont besoin du visage familial de l'Église qui les protège dans cette expérience traumatisante. Le divorce est un mal, et l'augmentation du nombre des divorces est très préoccupante. Voilà pourquoi, sans doute, notre tâche pastorale la plus importante envers les familles est-elle de renforcer l'amour et d'aider à guérir les blessures, en sorte que nous puissions prévenir la progression de ce drame de notre époque.

Certaines situations complexes

247. « Les problématiques relatives aux mariages mixtes requièrent une attention spécifique. Les mariages entre catholiques et d'autres baptisés "présentent, tout en ayant une physionomie particulière, de nombreux éléments qu'il est bon de valoriser et de développer, soit pour leur valeur intrinsèque, soit pour la contribution qu'ils peuvent apporter au mouvement œcuménique". À cette fin, "on recherchera [...] une cordiale collaboration entre le ministre catholique et le ministre non catholique, dès le moment de la préparation au mariage et des noces" (*Familiaris consortio*, n. 78). Au sujet du partage eucharistique, nous rappelons que "la décision d'admettre ou non la partie non-catholique du mariage à la communion eucharistique, est à prendre en accord avec les normes générales existant en la matière, tant pour les chrétiens orientaux que pour les autres chrétiens, et en tenant compte de cette situation particulière de la réception du sacrement de mariage chrétien par deux chrétiens baptisés. Bien que les époux d'un mariage mixte aient en commun les sacrements du baptême et du mariage, le partage

eucharistique ne peut être qu'exceptionnel et l'on doit, en chaque cas, observer les normes indiquées.'' (Conseil Pontifical pour la Promotion de l'Unité des Chrétiens, *Directoire pour l'Application des Principes et des Normes pour l'Œcuménisme*, 25 mars 1993, 159-160) ».[271]

248. « Les mariages avec disparité de culte constituent un lieu privilégié de dialogue interreligieux [...] [Ces mariages] comportent des difficultés particulières, tant à l'égard de l'identité chrétienne de la famille que de l'éducation religieuse des enfants [...]. Le nombre de familles composées d'unions conjugales avec disparité de culte, en augmentation dans les territoires de mission mais aussi dans les pays de longue tradition chrétienne, rend urgent de pourvoir à la mise en œuvre d'une pastorale différenciée selon les différents contextes sociaux et culturels. Dans certains pays, où la liberté de religion n'existe pas, le conjoint chrétien est obligé de changer de religion pour pouvoir se marier et ne peut pas célébrer un mariage canonique en disparité de culte ni baptiser les enfants. Nous devons donc réaffirmer la nécessité que la liberté religieuse soit respectée à l'égard de tous ».[272] « Il faut apporter une attention particulière aux personnes qui s'unissent dans de tels mariages, et pas seulement durant la période précédant les noces. Les couples et les familles dans lesquels l'un des époux est catholique et l'autre est non-croyant affrontent des défis particuliers. Dans de tels cas, il est nécessaire de témoigner de la capacité de

---

271 *Relatio finalis 2015*, n. 72.

272 *Ibid.*, n. 73.

l'Évangile à pénétrer dans ces situations, afin de rendre possible l'éducation des enfants à la foi chrétienne ».[273]

249. « Une difficulté particulière existe pour l'accès au baptême des personnes qui se trouvent dans une situation matrimoniale complexe. Il s'agit de personnes qui ont contracté une union conjugale stable à un moment où au moins l'une d'elles ne connaissait pas encore la foi chrétienne. Dans ces cas-là, les évêques sont appelés à exercer un discernement pastoral adapté à leur bien spirituel ». [274]

250. L'Église fait sienne l'attitude du Seigneur Jésus qui, dans un amour sans limite, s'est offert pour chaque personne sans exceptions.[275] Avec les Pères synodaux, j'ai pris en considération la situation des familles qui vivent l'expérience d'avoir en leur sein des personnes manifestant une tendance homosexuelle, une expérience loin d'être facile tant pour les parents que pour les enfants. C'est pourquoi, nous désirons d'abord et avant tout réaffirmer que chaque personne, indépendamment de sa tendance sexuelle, doit être respectée dans sa dignité et accueillie avec respect, avec le soin d'éviter "toute marque de discrimination injuste » [276] et particulièrement toute forme d'agression et de violence. Il s'agit, au contraire, d'assurer un accompagnement respectueux des familles,

273 *Ibid.*, n. 74.
274 *Ibid.*, n. 75.
275 Cf. Bulle *Misericordiae Vultus*, n. 12: *ASS* 107 (2015), p. 407.
276 *Catéchisme de l'Église catholique*, n. 2358; cf. *Relatio finalis 2015*, n. 76.

afin que leurs membres qui manifestent une tendance homosexuelle puissent bénéficier de l'aide nécessaire pour comprendre et réaliser pleinement la volonté de Dieu dans leur vie.[277]

251. Au cours des débats sur la dignité et la mission de la famille, les Pères synodaux ont fait remarquer qu'en ce qui concerne le « projet d'assimiler au mariage les unions entre personnes homosexuelles, il n'y a aucun fondement pour assimiler ou établir des analogies, même lointaines, entre les unions homosexuelles et le dessein de Dieu sur le mariage et la famille ». Il est inacceptable que « les Églises locales subissent des pressions en ce domaine et que les organismes internationaux conditionnent les aides financières aux pays pauvres à l'introduction de lois qui instituent le "mariage" entre des personnes de même sexe ».[278]

252. Les familles monoparentales trouvent souvent leur origine dans les « mères ou pères biologiques qui n'ont jamais voulu s'intégrer dans la vie familiale, [les] situations de violence qu'un des parents a dû fuir avec les enfants, [le] décès d'un des parents, [l']abandon de la famille de la part d'un des parents, et [d']autres situations. Quelle que soit la cause, le parent qui habite avec l'enfant doit trouver soutien et réconfort auprès des autres familles qui

---

277 Cf. *Ibid.*

278 *Relatio finalis*, n. 76 ; cf. Congrégation pour la Doctrine de la Foi, *Considérations à propos des projets de reconnaissance légale des unions entre personnes homosexuelles* (3 juin 2003), n. 4.

forment la communauté chrétienne, ainsi qu'auprès des organismes pastoraux paroissiaux. [En outre], ces familles sont [souvent affectées] par la gravité des problèmes économiques, par l'incertitude liée à un travail précaire, par la difficulté de subvenir aux besoins des enfants, par le manque de logement ».[279]

QUAND LA MORT TRANSPERCE DE SON AIGUILLON

253. Parfois la vie familiale est affectée par la mort d'un être cher. Nous ne pouvons pas nous lasser d'offrir la lumière de la foi afin d'accompagner les familles qui souffrent en ces moments.[280] Abandonner une famille lorsqu'un décès l'afflige serait un manque de miséricorde, perdre une opportunité pastorale, et cette attitude peut nous fermer les portes pour quelque autre initiative d'évangélisation.

254. Je comprends l'angoisse de celui qui a perdu une personne très aimée, un conjoint avec lequel il a partagé beaucoup de choses. Jésus lui-même s'est ému et s'est mis à pleurer lors de la veillée funèbre d'un ami (cf. *Jn* 11,33.35). Et comment ne pas comprendre les pleurs de celui qui a perdu un enfant ? Car c'est « comme si le temps s'arrêtait : un précipice s'ouvre, qui engloutit le passé et aussi l'avenir [...]. Parfois, on arrive même à en attribuer la faute à Dieu. Combien de personnes – je les

279 *Ibid.*, n. 80.
280 Cf. *ibid.*, n. 20.

comprends – [s'en prennent à] Dieu ».[281] « Le veuvage est une expérience particulièrement difficile [...]. Au moment où ils doivent en faire l'expérience, certains parviennent à reverser leurs énergies, avec plus de dévouement encore, sur leurs enfants et petits-enfants, trouvant dans cette expression d'amour une nouvelle mission éducative [...]. Ceux qui ne peuvent pas compter sur la présence de membres de la famille, auxquels se consacrer et dont ils peuvent recevoir affection et proximité, doivent être soutenus par la communauté chrétienne avec une attention et une disponibilité particulières, surtout s'ils se trouvent dans des conditions d'indigence ». [282]

255. En général, le deuil pour les défunts peut durer longtemps, et lorsqu'un pasteur veut accompagner ce processus, il faut qu'il s'adapte aux besoins de chacune de ses étapes. Tout le processus est jalonné de questions, sur les causes de la mort, sur ce qu'on aurait dû faire, sur ce que vit une personne juste avant la mort. Grâce à un parcours sincère et patient de prière et de libération intérieure, la paix revient. À un certain moment du deuil, il faut aider à découvrir que nous qui avons perdu un être cher, nous avons encore une mission à accomplir, et que cela ne nous fait pas du bien de vouloir prolonger la souffrance, comme si elle constituait un hommage. La personne aimée n'a pas besoin de notre souffrance et ce n'est pas flatteur pour elle que nous ruinions nos vies. Ce n'est pas non plus la meilleure expression d'amour que de se souvenir d'elle

281 *Catéchèse* (17 juin 2015): *L'Osservatore Romano,* éd. en langue française, 18 juin 2015, p. 2.
282 *Relatio finalis 2015,* n. 19.

et de la nommer à chaque instant, car c'est s'accrocher à un passé qui n'existe plus, au lieu d'aimer cet être réel qui maintenant est dans l'au-delà. Sa présence physique n'est plus possible, mais si la mort est une chose puissante, « l'amour est fort comme la mort » (*Ct* 8, 6). L'amour a une intuition qui lui permet d'écouter sans sons et de voir dans l'invisible. Il ne s'agit pas d'imaginer l'être aimé tel qu'il était, sans pouvoir l'accepter transformé, tel qu'il est à présent. Jésus ressuscité, lorsque son amie Marie a voulu l'embrasser de force, lui a demandé de ne pas le toucher (cf. *Jn* 20,17), pour la conduire à une rencontre différente.

256. Nous sommes consolés de savoir que la destruction complète de ceux qui meurent n'existe pas, et la foi nous assure que le Ressuscité ne nous abandonnera jamais. Ainsi, nous pouvons empêcher la mort de « nous empoisonner la vie, de rendre vains nos liens d'affection, de nous faire tomber dans le vide le plus obscur ».[283] La Bible parle d'un Dieu qui nous a créés par amour, et qui nous a faits de telle manière que notre vie ne finit pas avec la mort (cf. *Sg* 3,2-3). Saint Paul nous fait part d'une rencontre avec le Christ immédiatement après la mort : « J'ai le désir de m'en aller et d'être avec le Christ » (*Ph* 1, 23). Avec lui, après la mort, nous attend « ce que Dieu a préparé pour ceux qui l'aiment » (*1 Co* 2, 9). La préface de la Liturgie des défunts dit merveilleusement : « Si la loi de la mort nous afflige, la promesse de l'immortalité nous apporte la consolation. Car pour ceux qui meurent en toi, Seigneur,

283 *Catéchèse* (17 juin 2015) : *L'Osservatore Romano,* éd. en langue française, 18 juin 2015, p. 2.

la vie n'est pas détruite, elle est transformée ». En effet « nos proches n'ont pas disparu dans l'obscurité du néant : l'espérance nous assure qu'ils sont entre les mains bonnes et fortes de Dieu ».[284]

257. Une façon de communiquer avec les proches décédés est de prier pour eux. [285] La Bible affirme que « prier pour les morts » est une pensée « sainte et pieuse » (*2 M* 12, 44-45). Prier pour eux « peut non seulement les aider mais aussi rendre efficace leur intercession en notre faveur ».[286] L'Apocalypse présente les martyrs intercédant pour ceux qui subissent l'injustice sur terre (cf. *Ap* 6,9-11), solidaires de ce monde en chemin. Certains saints, avant de mourir, consolaient leurs proches en leur promettant qu'ils seraient proches pour les aider. Sainte Thérèse de Lisieux faisait part de son désir de passer son Ciel à continuer de faire du bien sur la terre.[287] Saint Dominique affirmait qu'« il serait plus utile après la mort [...]. Plus puissant pour obtenir des grâces ».[288] Ce sont des liens d'amour,[289] car « l'union de ceux qui sont encore en chemin avec leurs frères qui se sont endormis dans la paix

---

284 *Ibid.*

285 Cf. *Catéchisme de l'Église Catholique*, n. 958.

286 *Ibid.*

287 Cf. Thérèse de Lisieux, Derniers entretiens : Le "Carnet jaune" de Mère Agnès, 17 juillet 1897, dans : *Oeuvres Complètes*, éd. Cerf, Paris 1996, p. 1050. A ce sujet, est significatif le témoignage sur sainte Thérèse donné par ses consœurs concernant la promesse selon laquelle son départ de ce monde serait comme « une pluie de roses » (*Ibid*, 9 juin, p. 1013).

288 Jourdain de Saxe, *Libellus de principiis Ordinis prædicatorum*, n. 93 : *Monumenta Historica Sancti Patris Nostri Dominici*, XVI, Rome 1935, p. 69.

289 Cf. *Catéchisme de l'Église Catholique*, n. 957.

du Christ ne connaît pas la moindre intermittence ; au contraire, selon la foi constante de l'Église, cette union est renforcée par l'échange des biens spirituels ».[290]

258. Si nous acceptons la mort, nous pouvons nous y préparer. Le parcours est de grandir dans l'amour envers ceux qui cheminent avec nous, jusqu'au jour où « il n'y aura plus de mort, ni de pleur, ni de cri ni de peine » (*Ap* 21, 4). Ainsi, nous nous préparerons aussi à retrouver les proches qui sont morts. Tout comme Jésus a remis le fils qui était mort à sa mère (cf. *Lc* 7,15), il en sera de même avec nous. Ne perdons pas notre énergie à rester des années et des années dans le passé. Mieux nous vivons sur cette terre, plus grand sera le bonheur que nous pourrons partager avec nos proches dans le ciel. Plus nous arriverons à mûrir et à grandir, plus nous pourrons leur apporter de belles choses au banquet céleste.

290 Conc. Œcum. Vat. II, Const. dogm. *Lumen gentium,* sur l'Église, n. 49.

SEPTIÈME CHAPITRE

RENFORCER L'ÉDUCATION DES ENFANTS

259. Les parents influent toujours sur le développement moral de leurs enfants, en bien ou en mal. Par conséquent, ce qui convient, c'est qu'ils acceptent cette responsabilité incontournable et l'accomplissent d'une manière consciente, enthousiaste, raisonnable et appropriée. Étant donné que cette fonction éducative des familles est si importante et qu'elle est devenue très complexe, je voudrais m'arrêter spécialement sur ce point.

Où sont les enfants ?

260. La famille ne peut renoncer à être un lieu de protection, d'accompagnement, d'orientation, même si elle doit réinventer ses méthodes et trouver de nouvelles ressources. Elle a besoin de se demander à quoi elle veut exposer ses enfants. Voilà pourquoi, elle ne doit pas éviter de s'interroger sur ceux qui sont chargés de leur divertissement et de leurs loisirs, sur ceux qui rentrent dans leurs chambres à travers les écrans, sur ceux à qui ils les confient pour qu'ils les guident dans leur temps libre. Seuls les moments que nous passons avec eux, parlant avec simplicité et affection des choses importantes, et les

possibilités saines que nous créons pour qu'ils occupent leur temps, permettront d'éviter une invasion nuisible. Il faut toujours rester vigilant. L'abandon n'est jamais sain. Les parents doivent orienter et prévenir les enfants ainsi que les adolescents afin qu'ils sachent affronter les situations où il peut y avoir des risques d'agression, d'abus ou de toxicomanie, par exemple.

261. Mais l'obsession n'éduque pas ; et on ne peut pas avoir sous contrôle toutes les situations qu'un enfant pourrait traverser. Ici, vaut le principe selon lequel « le temps est supérieur à l'espace ».[291] C'est-à-dire qu'il s'agit plus de créer des processus que de dominer des espaces. Si un parent est obsédé de savoir où se trouve son enfant et de contrôler tous ses mouvements, il cherchera uniquement à dominer son espace. De cette manière, il ne l'éduquera pas, ne le fortifiera pas, ne le préparera pas à affronter les défis. Ce qui importe surtout, c'est de créer chez l'enfant, par beaucoup d'amour, des processus de maturation de sa liberté, de formation, de croissance intégrale, de culture d'une authentique autonomie. C'est seulement ainsi que cet enfant aura en lui-même les éléments nécessaires pour savoir se défendre ainsi que pour agir intelligemment et avec lucidité dans les circonstances difficiles. Donc, la grande question n'est pas : où se trouve l'enfant physiquement, avec qui il est en ce moment, mais : où il se trouve dans un sens existentiel, où est-ce qu'il se situe du point de vue de ses convictions,

---

291 Exhort. ap. *Evangelii gaudium* (24 novembre 2013), n. 222 : *AAS* 105 (2013), p. 1111.

de ses objectifs, de ses désirs, de son projet de vie. Par conséquent, les questions que je pose aux parents sont : « Essayons-nous de comprendre ''où'' en sont réellement les enfants sur leur chemin ? Où est réellement leur âme, le savons-nous ? Et surtout, cela nous intéresse-t-il de le savoir ? ».[292]

262. Si la maturité était uniquement le développement d'une chose au préalable contenue dans le code génétique, nous n'aurions pas beaucoup à faire. La prudence, le jugement sain et le bon sens ne dépendent pas de facteurs purement quantitatifs de croissance, mais de toute une chaîne d'éléments qui se synthétisent dans la personne ; pour être plus précis, au cœur de sa liberté. Il est inévitable que chaque enfant nous surprenne par les projets qui jaillissent de cette liberté, qui sortent de nos schémas, et il est bon qu'il en soit ainsi. L'éducation comporte la tâche de promouvoir des libertés responsables, qui opèrent des choix à la croisée des chemins de manière sensée et intelligente, de promouvoir des personnes qui comprennent pleinement que leur vie et celle de leur communauté sont dans leurs mains et que cette liberté est un don immense.

292 *Catéchèse* (20 mai 2015) : *L'Osservatore Romano,* éd. en langue française, 21 mai 2015, p. 2.

La formation morale des enfants

263. Même si les parents ont besoin de l'école pour assurer une instruction de base à leurs enfants, ils ne peuvent jamais déléguer complètement leur formation morale. Le développement affectif et moral d'une personne exige une expérience fondamentale : croire que ses propres parents sont dignes de confiance. Cela constitue une responsabilité éducative : par l'affection et le témoignage, créer la confiance chez les enfants, leur inspirer un respect plein d'amour. Lorsqu'un enfant ne sent plus qu'il est précieux pour ses parents bien qu'il ne soit pas sans défaut, ou ne perçoit pas qu'ils nourrissent une préoccupation sincère pour lui, cela crée des blessures profondes qui sont à l'origine de nombreuses difficultés dans sa maturation. Cette absence, cet abandon affectif, provoque une douleur plus profonde qu'une éventuelle correction qu'il reçoit pour une mauvaise action.

264. La tâche des parents inclut une éducation de la volonté et un développement de bonnes habitudes et de tendances affectives au bien. Cela implique qu'elles soient présentées comme des comportements désirables à apprendre et des tendances à développer. Mais il s'agit toujours d'un processus qui part de ce qui est imparfait vers ce qui est plus accompli. Le désir de s'adapter à la société ou l'habitude de renoncer à une satisfaction immédiate pour s'adapter à une norme et assurer une bonne cohabitation, est déjà en lui-même une valeur initiale qui crée des dispositions pour s'élever ensuite vers des valeurs plus hautes. La formation morale devrait

toujours se réaliser par des méthodes actives et par un dialogue éducatif qui prend en compte la sensibilité et le langage propres aux enfants. En outre, cette formation doit se réaliser de façon inductive, de telle manière que l'enfant puisse arriver à découvrir par lui-même la portée de certaines valeurs, principes et normes, au lieu de se les voir imposées comme des vérités irréfutables.

265. Pour bien agir, il ne suffit pas de "bien juger" ou de savoir clairement ce qu'on doit faire – même si cela est prioritaire –. Bien des fois, nous sommes incohérents par rapport à nos propres convictions, même lorsqu'elles sont solides. La conscience a beau nous dicter un jugement moral déterminé, dans certaines circonstances d'autres choses qui nous attirent ont plus de pouvoir, si nous ne sommes pas parvenus à ce que le bien saisi par l'esprit s'enracine en nous en tant qu'une profonde tendance affective, comme une disposition au bien qui pèse plus que d'autres attractions, et qui nous conduise à percevoir que ce que nous considérons comme bien l'est également "pour nous" ici et maintenant. Une formation éthique efficace implique de montrer à la personne jusqu'à quel point il lui convient de bien agir. Aujourd'hui, ordinairement, il est inefficace de demander quelque chose qui exige un effort et des renoncements, sans indiquer clairement le bien qui peut en résulter.

266. Il est nécessaire de développer des habitus. De même, les habitudes acquises depuis l'enfance ont une fonction positive, en aidant à ce que les grandes valeurs intériorisées se traduisent par des comportements

extérieurs sains et stables. On peut avoir des sentiments sociables et une bonne disposition envers les autres, mais si pendant longtemps on n'a pas été habitué, grâce à l'insistance des adultes, à dire "s'il vous plaît", "pardon", "merci", la bonne disposition intérieure ne se traduira pas facilement en ces expressions. Le renforcement de la volonté et la répétition d'actions déterminées construisent la conduite morale, et sans la répétition consciente, libre et valorisée de certains bons comportements, l'éducation à cette conduite n'est pas achevée. Les motivations, ou bien l'attraction que nous sentons pour une valeur déterminée, ne deviennent pas une vertu sans ces actes adéquatement motivés.

267. La liberté est une chose merveilleuse, mais nous pouvons l'abîmer. L'éducation morale est une formation à la liberté à travers des propositions, des motivations, des applications pratiques, des stimulations, des récompenses, des exemples, des modèles, des symboles, des réflexions, des exhortations, des révisions de la façon d'agir et des dialogues qui aident les personnes à développer ces principes intérieurs stables qui conduisent à faire spontanément le bien. La vertu est une conviction transformée en un principe intérieur et stable d'action. La vie vertueuse, par conséquent, construit la liberté, la fortifie et l'éduque, en évitant que la personne devienne esclave de tendances compulsives déshumanisantes et antisociales. En effet, la dignité humaine même exige que

chacun « agisse selon un choix conscient et libre, mû et déterminé par une conviction personnelle ».[293]

La valeur de la sanction comme stimulation

268. De même, il est indispensable de sensibiliser l'enfant ou l'adolescent afin qu'il se rende compte que les mauvaises actions ont des conséquences. Il faut éveiller la capacité de se mettre à la place de l'autre et de compatir à sa souffrance lorsqu'on lui a causé du tort. Certaines sanctions – pour des comportements antisociaux agressifs – peuvent atteindre en partie cet objectif. Il est important d'orienter l'enfant avec fermeté afin qu'il demande pardon et répare le tort causé aux autres. Quand le parcours éducatif porte ses fruits dans une maturation de la liberté personnelle, l'enfant lui-même à un moment donné commencera à reconnaître avec gratitude qu'il a été bon pour lui de grandir dans une famille et même de souffrir des exigences liées à tout processus de formation.

269. La correction est une stimulation lorsqu'on valorise et reconnaît aussi les efforts et que l'enfant découvre que ses parents gardent une confiance patiente. Un enfant puni avec amour sent qu'il est pris en compte, perçoit qu'il est quelqu'un, comprends que ses parents reconnaissent ses possibilités. Cela n'exige pas que les parents soient sans défauts, mais qu'ils sachent reconnaître avec humilité

293 Conc. Œcum. Vat. II, Const. past. *Gaudium et spes*, sur l'Église dans le monde de ce temps, n. 17.

leurs limites et montrent leurs propres efforts pour être meilleurs. Mais l'un des témoignages dont les enfants ont besoin de la part des parents est de voir que ceux-ci ne se laissent pas mener par la colère. L'enfant coupable d'une mauvaise action doit être repris, mais jamais comme un ennemi ou comme celui sur lequel l'on décharge sa propre agressivité. En outre, un adulte doit reconnaître que certaines mauvaises actions sont liées à la fragilité et aux limites propres à l'âge. Par conséquent, une attitude constamment répressive serait nuisible ; elle n'aiderait pas à se rendre compte de la gravité différente des actions et provoquerait du découragement ainsi que de l'irritation : « Parents, n'exaspérez pas vos enfants » (*Ep* 6,4 ; cf. *Col* 3,21).

270. Il est fondamental que la discipline ne devienne pas une inhibition du désir, mais une stimulation pour aller toujours plus loin. Comment allier la discipline à l'inquiétude intérieure ? Comment faire pour que la discipline soit une limite constructive du chemin qu'un enfant doit emprunter et non un mur qui l'annihile ou une dimension de l'éducation qui le castre ? Il faut savoir trouver un équilibre entre deux extrêmes pareillement nocifs : l'un serait de prétendre construire un monde à la mesure des désirs de l'enfant, qui grandit en se sentant sujet de droits mais non de responsabilités. L'autre extrême serait de l'amener à vivre sans conscience de sa dignité, de son identité unique et de ses droits, torturé par les devoirs et aux aguets pour réaliser les désirs d'autrui.

Réalisme patient

271. L'éducation morale implique de demander à un enfant ou à un jeune uniquement ces choses qui ne représentent pas pour lui un sacrifice disproportionné, de n'exiger de lui qu'une part d'effort qui ne provoque pas de ressentiment ou des actions trop forcées. Le parcours ordinaire est de proposer de petits pas qui peuvent être compris, acceptés et valorisés, et impliquent un renoncement proportionné. Autrement, en exigeant trop, nous n'obtenons rien. À peine la personne pourra-t-elle se libérer de l'autorité que, probablement, elle cessera de bien agir.

272. La formation éthique éveille parfois du mépris, du fait d'expériences d'abandon, de déception, de carence affective, ou à cause d'une mauvaise image des parents. Les conceptions déformées des figures des parents ou les faiblesses des adultes sont projetées sur les valeurs morales. Voilà pourquoi il faut aider les adolescents à faire de l'analogie: les valeurs se trouvent particulièrement réalisées dans certaines personnes vraiment exemplaires, mais elles se réalisent également de manière imparfaite et à divers degrés. Par ailleurs, vu que les résistances des jeunes sont fortement liées à de mauvaises expériences, il est nécessaire de les aider à faire un cheminement de guérison de ce monde intérieur blessé, en sorte qu'ils puissent arriver à comprendre et à se réconcilier avec les êtres humains et avec la société.

273. Lorsqu'on propose des valeurs, il faut aller progressivement, avancer de diverses manières selon l'âge et les possibilités concrètes des personnes, sans prétendre appliquer des méthodologies rigides et immuables. Les précieux apports de la psychologie et des sciences de l'éducation montrent la nécessité d'un progrès graduel dans l'obtention de changements de comportement, mais ils montrent aussi que la liberté exige des réseaux et des stimulations, car abandonnée à elle-même, elle ne garantit pas la maturation. La liberté en situation, réelle, est limitée et conditionnée. Elle n'est pas une pure capacité de choisir le bien dans une spontanéité totale. On ne distingue pas toujours clairement un acte "volontaire" d'un acte "libre". Quelqu'un peut vouloir une chose mauvaise avec une grande force de volonté, mais à cause d'une passion irrésistible ou d'une mauvaise éducation. Dans ce cas, sa décision est très volontaire, elle ne contredit pas l'inclinaison de son propre vouloir, mais elle n'est pas libre, parce qu'il lui est devenu impossible de ne pas opter pour ce mal. C'est ce qui arrive à un toxicomane compulsif, lorsqu'il veut de la drogue de toutes ses forces, mais est si conditionné que pour le moment il n'est pas capable de prendre une autre décision. Par conséquent, sa décision est volontaire, mais elle n'est pas libre. "Le laisser choisir librement" n'a pas de sens, puisque de fait il ne peut choisir, et l'exposer à la drogue ne fait qu'accroître la dépendance. Il a besoin de l'aide des autres et d'un parcours éducatif.

La vie familiale comme lieu d'éducation

274. La famille est la première école des valeurs, où on apprend l'utilisation correcte de la liberté. Il y a des tendances développées dans l'enfance, qui imprègnent l'intimité d'une personne et demeurent toute la vie comme une émotivité favorable à une valeur ou comme un rejet spontané de certains comportements. Beaucoup de personnes agissent toute la vie d'une manière donnée parce qu'elles considèrent comme valable cette façon d'agir qui a pris racine en elles depuis l'enfance, comme par osmose. "On m'a éduqué ainsi" ; "c'est ce qu'on m'a inculqué". Dans le milieu familial, on peut aussi apprendre à discerner de manière critique les messages véhiculés par les divers moyens de communication sociale. Malheureusement, bien des fois, certains programmes de télévision ou certaines formes de publicité ont un impact négatif et affaiblissent les valeurs reçues dans la vie familiale.

275. En ce temps, où règnent l'anxiété et la vitesse technologique, une tâche très importante des familles est d'éduquer à la patience. Il ne s'agit pas d'interdire aux jeunes de jouer avec les dispositifs électroniques, mais de trouver la manière de créer en eux la capacité de distinguer les diverses logiques et de ne pas appliquer la vitesse digitale à tous les domaines de la vie. Reporter n'est pas nier le désir mais retarder sa satisfaction. Lorsque les enfants ou les adolescents ne sont pas éduqués à accepter que certaines choses doivent attendre, ils deviennent des gens impatients, qui soumettent tout à la satisfaction de leurs besoins immédiats et grandissent avec le vice du "je

veux et j'ai". C'est une grave erreur qui ne favorise pas la liberté, mais l'affecte. En revanche, quand on éduque à apprendre à reporter certaines choses et à attendre le moment convenable, on enseigne ce qu'est être maître de soi-même, autonome face à ses propres impulsions. Ainsi, lorsqu'un enfant expérimente qu'il peut se prendre lui-même en charge, l'estime qu'il a de lui-même s'affermit. En même temps, cela lui apprend à respecter la liberté des autres. Évidemment, ceci n'implique pas d'exiger des enfants qu'ils agissent comme des adultes, mais il ne faut pas non plus mépriser leur capacité à grandir dans la maturation d'une liberté responsable. Dans une famille saine, cet apprentissage s'effectue de manière ordinaire à travers les exigences de la cohabitation.

276. La famille est le lieu de la première socialisation, parce qu'elle est le premier endroit où on apprend à se situer face à l'autre, à écouter, à partager, à supporter, à respecter, à aider, à cohabiter. La tâche de l'éducation est d'éveiller le sentiment du monde et de la société comme foyer, c'est une éducation pour savoir "habiter", au-delà des limites de sa propre maison. Dans le cercle familial, on enseigne à revaloriser la proximité, l'attention et la salutation. C'est là qu'on brise la première barrière de l'égoïsme mortel pour reconnaître que nous vivons à côté d'autres, avec d'autres, qui sont dignes de notre attention, de notre amabilité, de notre affection. Il n'y a pas de lien social sans cette première dimension quotidienne, quasi microscopique : le fait d'être ensemble, proches, nous croisant en différents moments de la journée, nous préoccupant pour ce qui nous affecte tous, en nous secourant mutuellement dans

les petites choses de chaque jour. La famille doit inventer quotidiennement de nouvelles manières de promouvoir la reconnaissance réciproque.

277. En famille, on peut aussi reconsidérer les habitudes de consommation pour sauvegarder ensemble la maison commune : « La famille est la protagoniste d'une écologie intégrale, parce qu'elle est le sujet social primaire, qui contient en son sein les deux principes bases de la civilisation humaine sur la terre : le principe de communion et le principe de fécondité ».[294] De même, les moments difficiles et durs de la vie familiale peuvent être très formateurs. C'est le cas, par exemple, lors d'une maladie, car « face à la maladie, même en famille, apparaissent des difficultés, à cause de la faiblesse humaine. Mais, en général, le temps de la maladie accroît la force des liens familiaux [...]. Une éducation qui met à l'abri de la sensibilité envers la maladie humaine, rend le cœur aride. Et fait en sorte que les jeunes sont "anesthésiés" face à la souffrance des autres, incapables d'affronter la souffrance et de vivre l'expérience de la limite ».[295]

278. La rencontre éducative entre parents et enfants peut être facilitée ou affectée par les technologies de la communication et du divertissement, toujours plus sophistiquées. Lorsqu'elles sont utilisées à bon escient, elles peuvent être utiles pour unir les membres de la famille malgré la distance.

---

294 *Catéchèse* (30 septembre 2015) : *L'Osservatore Romano,* éd. en langue française, 1er octobre 2015, p. 2.

295 *Catéchèse* (10 juin 2015) : *L'Osservatore Romano,* éd. en langue française, 11 juin 2015, p. 2.

Les contacts peuvent être fréquents et aider à remédier aux difficultés.[296] Cependant, il demeure clair qu'elles ne constituent ni ne remplacent le besoin du dialogue plus personnel et plus profond qui exige le contact physique, ou tout au moins la voix de l'autre personne. Nous savons que parfois ces moyens éloignent au lieu de rapprocher, comme lorsqu'à l'heure du repas chacun est rivé à son téléphone cellulaire, ou quand l'un des conjoints dort en attendant l'autre, qui passe des heures à jouer avec un dispositif électronique. En famille, tout cela doit être aussi objet de dialogues et d'ententes, qui permettent d'accorder la priorité à la rencontre de ses membres sans tomber dans des prohibitions irrationnelles. De toute manière, on ne peut ignorer les risques des nouvelles formes de communication pour les enfants et pour les adolescents, qu'elles convertissent parfois en abouliques, déconnectés du monde réel. Cet "autisme technologique" les expose plus facilement à la manipulation de ceux qui cherchent à entrer dans leur intimité pour des intérêts égoïstes.

279. Il ne convient pas non plus que les parents deviennent des êtres tout puissants pour leurs enfants, qui ne peuvent que leur faire confiance, car ainsi ils entravent le processus approprié de socialisation et de maturation affective. Pour rendre effectif ce prolongement de la paternité à un niveau plus vaste, « les communautés chrétiennes sont appelées à offrir leur soutien à la mission éducative des familles »,[297] surtout à travers la catéchèse de l'initiation. Afin de favoriser

---

296 Cf. *Relatio finalis 2015*, n. 67.

297 *Catéchèse* (20 mai 2015) : *L'Osservatore Romano*, éd. en langue française, 21 mai 2015, p. 2.

une éducation intégrale, il nous faut « raviver l'alliance entre la famille et la communauté chrétienne ».[298] Le Synode a voulu souligner l'importance des écoles catholiques, qui « remplissent une fonction vitale pour aider les parents dans leur devoir d'éducation de leurs enfants [...]. Les écoles catholiques devraient être encouragées dans leur mission d'aider les élèves à grandir comme adultes mûrs, capables de voir le monde à travers le regard d'amour de Jésus et comprenant la vie comme un appel à servir Dieu ». [299] Par conséquent, il faut affirmer avec force la liberté de l'Église « d'enseigner sa propre doctrine et le droit à l'objection de conscience des éducateurs ».[300]

Oui à l'éducation sexuelle

280. Le Concile Vatican II envisageait la nécessité « d'une éducation sexuelle à la fois positive et prudente au fur et à mesure [que les enfants et les adolescents] grandissent » et « en tenant compte du progrès des sciences psychologique, pédagogique et didactique ».[301] Nous devrions nous demander si nos institutions éducatives ont pris en compte ce défi. Il est difficile de penser l'éducation sexuelle, à une époque où la sexualité tend à se banaliser et à s'appauvrir. Elle ne peut être comprise que dans le cadre d'une éducation à l'amour, au don de soi réciproque. De

298 *Catéchèse* (9 septembre 2015): *L'Osservatore Romano,* éd. en langue française, 10 septembre 2015, p. 2.

299 *Relatio finalis 2015,* n. 68.

300 *Ibid.*, n. 58.

301 Déclaration *Gravissimum educationis*, sur l'éducation chrétienne, n. 1.

cette manière, le langage de la sexualité ne se trouve pas tristement appauvri, mais éclairé. L'impulsion sexuelle peut être éduquée dans un cheminement de connaissance de soi et dans le développement d'une capacité de domination de soi, qui peuvent aider à mettre en lumière les capacités admirables de joie et de rencontre amoureuse.

281. L'éducation sexuelle offre des informations ; mais il ne faut pas oublier que les enfants et les jeunes n'ont pas atteint une maturité pleine. L'information doit arriver au moment approprié et d'une manière adaptée à l'étape qu'ils vivent. Il ne sert à rien de les saturer de données sans le développement d'un sens critique face à l'invasion de propositions, face à la pornographie incontrôlée et à la surcharge d'excitations qui peuvent mutiler la sexualité. Les jeunes doivent pouvoir se rendre compte qu'ils sont bombardés de messages qui ne visent pas leur bien et leur maturation. Il faut les aider à reconnaître et à rechercher les influences positives, en même temps qu'ils prennent de la distance par rapport à tout ce qui déforme leur capacité d'aimer. De même, nous devons admettre que le « besoin d'un langage nouveau et plus approprié se fait surtout sentir au moment d'introduire le thème de la sexualité pour les enfants et les adolescents ».[302]

282. Une éducation sexuelle qui préserve une saine pudeur a une énorme valeur, même si aujourd'hui certains considèrent qu'elle est une question d'un autre âge. C'est une défense naturelle de la personne, qui protège son

302 *Relatio finalis 2015*, n. 56.

intériorité et évite qu'elle devienne un pur objet. Sans la pudeur, nous pouvons réduire l'affection et la sexualité à des obsessions qui nous focalisent uniquement sur la génitalité, sur des morbidités déformant notre capacité d'aimer et sur diverses formes de violence sexuelle qui nous conduisent à nous laisser traiter de manière inhumaine et à nuire aux autres.

283. Fréquemment, l'éducation sexuelle se focalise sur l'invitation à "se protéger", en cherchant du "sexe sûr". Ces expressions traduisent une attitude négative quant à la finalité procréatrice naturelle de la sexualité, comme si un éventuel enfant était un ennemi dont il faut se protéger. Ainsi, l'on promeut l'agressivité narcissique au lieu de l'accueil. Toute invitation faite aux adolescents pour qu'ils jouent avec leurs corps et leurs sentiments, comme s'ils avaient la maturité, les valeurs, l'engagement mutuel et les objectifs propres au mariage, est irresponsable. De cette manière, on les encourage allègrement à utiliser une autre personne comme objet pour chercher des compensations à des carences ou à de grandes limites. Il est important de leur enseigner plutôt un cheminement quant aux diverses expressions de l'amour, à l'attention réciproque, à la tendresse respectueuse, à la communication riche de sens. En effet, tout cela prépare au don de soi total et généreux qui s'exprimera, après un engagement public, dans le don réciproque des corps. L'union sexuelle dans le mariage se présentera ainsi comme signe d'un engagement plénier, enrichi par tout le cheminement antérieur.

284. Il ne faut pas tromper les jeunes en les conduisant à confondre les niveaux: l'attraction « crée, pour un moment, l'illusion de l'"union", mais sans amour, une telle union laisse les inconnus aussi séparés qu'auparavant ».[303] Le langage du corps exige l'apprentissage patient qui permet d'interpréter et d'éduquer ses propres désirs pour se donner réellement. Lorsqu'on veut tout donner d'un coup, il est probable qu'on ne donne rien. Une chose est de comprendre les fragilités de l'âge ou ses confusions, et une autre d'encourager les adolescents à prolonger l'immaturité de leur façon d'aimer. Mais, qui parle aujourd'hui de ces choses ? Qui est capable de prendre les jeunes au sérieux ? Qui les aide à se préparer sérieusement à un amour grand et généreux ? On prend trop à la légère l'éducation sexuelle.

285. L'éducation sexuelle devrait inclure également le respect et la valorisation de la différence, qui montre à chacun la possibilité de surmonter l'enfermement dans ses propres limites pour s'ouvrir à l'acceptation de l'autre. Au-delà des difficultés compréhensibles que chacun peut connaître, il faut aider à accepter son propre corps tel qu'il a été créé, car « une logique de domination sur son propre corps devient une logique, parfois subtile, de domination sur la création [...]. La valorisation de son propre corps dans sa féminité ou dans sa masculinité est aussi nécessaire pour pouvoir se reconnaître soi-même dans la rencontre avec celui qui est différent. De cette manière, il est possible d'accepter joyeusement le don spécifique

---

303 Erich Fromm, *The Art of loving*, New York 1956, p. 54.

de l'autre, homme ou femme, œuvre du Dieu créateur, et de s'enrichir réciproquement ».[304] Ce n'est qu'en se débarrassant de la peur de la différence qu'on peut finir par se libérer de l'immanence de son propre être et de la fascination de soi-même. L'éducation sexuelle doit aider à accepter son propre corps, en sorte que la personne ne prétende pas « effacer la différence sexuelle parce qu'elle ne sait plus s'y confronter ».[305]

286. On ne peut pas non plus ignorer que dans la configuration de sa propre manière d'être, féminine ou masculine, ne se rejoignent pas seulement des facteurs biologiques ou génétiques, mais de multiples éléments qui ont à voir avec le tempérament, l'histoire familiale, la culture, les expériences vécues, la formation reçue, les influences des amis, des proches et des personnes admirées, ainsi que d'autres circonstances concrètes qui exigent un effort d'adaptation. Certes, nous ne pouvons pas séparer le masculin du féminin dans l'œuvre créée par Dieu, qui précède toutes nos décisions et nos expériences, où il y a des éléments biologiques évidents. Mais il est aussi vrai que le masculin et le féminin ne sont pas quelque chose de rigide. Par conséquent, il est possible, par exemple, que la manière d'être homme du mari puisse s'adapter de manière flexible à la situation de l'épouse en ce qui concerne le travail. S'occuper de certains travaux de maison ou de certains aspects des soins aux enfants ne le rend pas moins masculin ni ne signifie un échec,

304 Lettre enc. *Laudato si'* (24 mai 2015), n. 155.

305 *Catéchèse* (15 avril 2015): *L'Osservatore Romano,* éd. en langue française, 16 avril 2015), p. 2.

une capitulation ni une honte. Il faut aider les enfants à considérer comme normaux ces sains "échanges", qui n'enlèvent aucune dignité à la figure paternelle. La rigidité devient une exagération du masculin ou du féminin, et n'éduque pas les enfants et les jeunes à une réciprocité concrète dans les conditions réelles du mariage. Cette rigidité, en retour, peut empêcher le développement des capacités de chacun, au point d'amener à considérer comme peu masculin de se dédier à l'art ou à la danse et peu féminin de s'adonner à une activité de conduite de voitures. Grâce à Dieu, cela a changé, mais à certains endroits, des conceptions inadéquates continuent de conditionner la liberté légitime et de mutiler le développement authentique de l'identité concrète des enfants ou de leurs potentialités.

Transmettre la foi

287. L'éducation des enfants doit être caractérisée par un cheminement de transmission de la foi, rendu difficile par le style de vie actuel, les horaires de travail, la complexité du monde contemporain où beaucoup vont à un rythme frénétique pour pouvoir survivre.[306] Toutefois, la famille doit continuer d'être le lieu où l'on enseigne à percevoir les raisons et la beauté de la foi, à prier et à servir le prochain. Cela commence par le baptême, où, comme disait saint Augustin, les mères qui conduisent leurs

306 Cf. *Relatio finalis 2015*, nn. 13-14.

enfants « contribuent au saint enfantement »[307]. Ensuite, commence le cheminement de la croissance de cette vie nouvelle. La foi est un don de Dieu reçu au baptême, et elle n'est pas le résultat d'une action humaine ; cependant les parents sont des instruments de Dieu pour sa maturation et son développement. Donc, « c'est beau quand les mamans enseignent à leurs petits enfants à envoyer un baiser à Jésus ou à la Vierge. [Que] de tendresse se trouve en cela ! A ce moment le cœur des enfants se transforme en lieu de prière ».[308] La transmission de la foi suppose que les parents vivent l'expérience réelle d'avoir confiance en Dieu, de le chercher, d'avoir besoin de lui, car c'est uniquement ainsi qu'un âge à l'autre vantera ses œuvres, fera connaître ses prouesses (cf. *Ps* 145,4) et que le père à ses fils fait connaître sa fidélité (cf. *Is* 38,19). Cela demande que nous implorions l'action de Dieu dans les cœurs, là où nous ne pouvons parvenir. Le grain de moutarde, semence si petite, devient un grand arbre (cf. *Mt* 13,31-32), et ainsi nous reconnaissons la disproportion entre l'action et son effet. Donc, nous savons que nous ne sommes pas les propriétaires du don mais ses administrateurs vigilants. Cependant notre engagement créatif est un don qui nous permet de collaborer à l'initiative de Dieu. Par conséquent, « il faut veiller à valoriser les couples, les mères et les pères, comme sujets actifs de la catéchèse [...]. La catéchèse familiale est d'une grande aide, en tant que méthode efficace pour former les jeunes parents et pour les

307 *De sancta virginitate*, 7, 7 : *PL* 40, 400.

308 *Catéchèse* (26 août 2015) : *L'Osservatore Romano*, éd. en langue française, 27 août 2015), p. 2.

rendre conscients de leur mission comme évangélisateurs de leur propre famille ».[309]

288. L'éducation à la foi sait s'adapter à chaque enfant, car parfois les méthodes apprises ou les recettes ne fonctionnent pas. Les enfants ont besoin de symboles, de gestes, de récits. Les adolescents entrent généralement en crise par rapport à l'autorité et aux normes ; il convient donc d'encourager leurs propres expériences de foi et leur offrir des témoignages lumineux qui s'imposent par leur seule beauté. Les parents qui veulent accompagner la foi de leurs enfants sont attentifs à leurs changements, car ils savent que l'expérience spirituelle ne s'impose pas mais qu'elle se propose à leur liberté. Il est fondamental que les enfants voient d'une manière concrète que pour leurs parents la prière est réellement importante. Par conséquent, les moments de prière en famille et les expressions de la piété populaire peuvent avoir plus de force évangélisatrice que toutes les catéchèses et tous les discours. Je voudrais exprimer, de façon spéciale, ma gratitude à toutes les mères qui prient constamment, comme le faisait sainte Monique, pour leurs enfants qui se sont éloignés du Christ.

289. L'effort de transmettre la foi aux enfants, dans le sens de faciliter son expression et sa croissance, aide à ce que la famille devienne évangélisatrice, et commence spontanément à la transmettre à tous ceux qui s'approchent d'elle et même en dehors du cercle familial.

---

309 *Relatio finalis 2015*, n. 89.

Les enfants qui grandissent dans des familles missionnaires deviennent souvent missionnaires, si les parents vivent cette mission de telle manière que les autres les sentent proches et affables, et que les enfants grandissent dans cette façon d'entrer en relation avec le monde, sans renoncer à leur foi et à leurs convictions. Souvenons-nous que Jésus lui-même mangeait et buvait avec les pécheurs (cf. *Mc* 2,16 ; *Mt* 11, 19), qu'il pouvait s'arrêter pour parler avec la samaritaine (cf. *Jn* 4,7-26), et recevoir de nuit Nicodème (cf. *Jn* 3,1-21), qu'il s'était fait oindre les pieds par une femme prostituée (cf. *Lc* 7,36-50), et qu'il n'hésitait pas à toucher les malades (cf. *Mc* 1,40-45 ;7, 33). Ses apôtres faisaient de même ; ils n'étaient pas méprisants envers les autres, enfermés dans de petits groupes d'élite, isolés de la vie de leur peuple. Tandis que les autorités les accusaient, ils « avaient la faveur de tout le peuple » (*Ac* 2,47 ; cf. 4,21.33 ; 5,13).

290. « La famille se constitue ainsi comme sujet de l'action pastorale à travers l'annonce explicite de l'Évangile et l'héritage de multiples formes de témoignage : la solidarité envers les pauvres, l'ouverture à la diversité des personnes, la sauvegarde de la création, la solidarité morale et matérielle envers les autres familles surtout les plus nécessiteuses, l'engagement pour la promotion du bien commun, notamment par la transformation des structures sociales injustes, à partir du territoire où elle vit, en pratiquant les œuvres de miséricorde corporelle et spirituelle ».[310] Cela doit se situer dans le cadre de la

310 *Ibid.*, n. 93.

conviction la plus belle des chrétiens : l'amour du Père qui nous soutient et nous promeut, manifesté dans le don total de Jésus Christ, vivant parmi nous, qui nous rend capable d'affronter ensemble toutes les tempêtes et toutes les étapes de la vie. De même, au cœur de chaque famille il faut faire retentir le *kérygme*, à temps et à contretemps, afin qu'il éclaire le chemin. Tous, nous devrions pouvoir dire, à partir de ce qui est vécu dans nos familles : « Nous avons reconnu l'amour que Dieu a pour nous » (*1 Jn* 4, 16). C'est seulement à partir de cette expérience que la pastorale familiale pourra permettre aux familles d'être à la fois des Églises domestiques et un ferment d'évangélisation dans la société.

HUITIÈME CHAPITRE

ACCOMPAGNER, DISCERNER ET INTÉGRER LA FRAGILITÉ

291. Les Pères synodaux ont affirmé que, même si l'Église comprend que toute rupture du lien matrimonial « va à l'encontre de la volonté de Dieu, [elle] est également consciente de la fragilité de nombreux de ses fils ».[311] Illuminée par le regard de Jésus Christ, elle « se tourne avec amour vers ceux qui participent à sa vie de manière incomplète, tout en reconnaissant que la grâce de Dieu agit aussi dans leurs vies, leur donnant le courage d'accomplir le bien, pour prendre soin l'un de l'autre avec amour et être au service de la communauté dans laquelle ils vivent et travaillent ».[312] D'autre part, cette attitude se trouve renforcée dans le contexte d'une Année Jubilaire consacrée à la miséricorde. Bien qu'elle propose toujours la perfection et invite à une réponse plus pleine à Dieu, « l'Église doit accompagner d'une manière attentionnée ses fils les plus fragiles, marqués par un amour blessé et égaré, en leur redonnant confiance et espérance, comme la lumière du phare d'un port ou d'un flambeau placé au milieu des gens pour éclairer ceux qui ont perdu leur chemin ou qui se trouvent au beau milieu

---

311 *Relatio Synodi 2014*, n. 24.

312 *Ibid.*, n. 25.

de la tempête ».[313] N'oublions pas que souvent la mission de l'Église ressemble à celle d'un hôpital de campagne.

292. Le mariage chrétien, reflet de l'union entre le Christ et son Église, se réalise pleinement dans l'union entre un homme et une femme, qui se donnent l'un à l'autre dans un amour exclusif et dans une fidélité libre, s'appartiennent jusqu'à la mort et s'ouvrent à la transmission de la vie, consacrés par le sacrement qui leur confère la grâce pour constituer une Église domestique et le ferment d'une vie nouvelle pour la société. D'autres formes d'union contredisent radicalement cet idéal, mais certaines le réalisent au moins en partie et par analogie. Les Pères synodaux ont affirmé que l'Église ne cesse de valoriser les éléments constructifs dans ces situations qui ne correspondent pas encore ou qui ne correspondent plus à son enseignement sur le mariage.[314]

La gradualité dans la pastorale

293. Les Pères se sont également penchés sur la situation particulière d'un mariage seulement civil ou même, toute proportion gardée, d'une pure cohabitation où « quand l'union atteint une stabilité consistante à travers un lien public, elle est caractérisée par une affection profonde, confère des responsabilités à l'égard des enfants, donne la capacité de surmonter les épreuves et peut être

313 *Ibid.*, n. 28.
314 Cf. *Ibid.*, n. 41.43 ; *Relatio finalis 2015*, n. 70.

considérée comme une occasion à accompagner dans le développement menant au sacrement du mariage ».[315] D'autre part, il est préoccupant que de nombreux jeunes se méfient aujourd'hui du mariage et cohabitent en reportant indéfiniment l'engagement conjugal, tandis que d'autres mettent un terme à l'engagement pris et en instaurent immédiatement un nouveau. Ceux-là « qui font partie de l'Église ont besoin d'une attention pastorale miséricordieuse et encourageante ».[316] En effet, non seulement la promotion du mariage chrétien revient aux Pasteurs, mais aussi « le discernement pastoral des situations de beaucoup de gens qui ne vivent plus dans cette situation » pour « entrer en dialogue pastoral avec ces personnes afin de mettre en évidence les éléments de leur vie qui peuvent conduire à une plus grande ouverture à l'Évangile du mariage dans sa plénitude ».[317] Dans le discernement pastoral, il convient d'identifier « les éléments qui peuvent favoriser l'évangélisation et la croissance humaine et spirituelle ».[318]

294. « Le choix du mariage civil ou, dans différents cas, de la simple vie en commun, n'est dans la plupart des cas pas motivé par des préjugés ou des résistances à l'égard de l'union sacramentelle, mais par des raisons culturelles ou contingentes ».[319] Dans ces situations il sera possible de mettre en valeur ces signes d'amour qui, d'une manière

---

315 *Ibid.*, n. 27.

316 *Ibid.*, n. 26.

317 *Ibid.*, n. 41.

318 *Ibid.*

319 *Relatio finalis 2015*, n. 71.

et d'une autre, reflètent l'amour de Dieu.[320] Nous savons que « le nombre de ceux qui, après avoir vécu longtemps ensemble, demandent la célébration du mariage à l'Église, connaît une augmentation constante. Le simple concubinage est souvent choisi à cause de la mentalité générale contraire aux institutions et aux engagements définitifs, mais aussi parce que les personnes attendent d'avoir une certaine sécurité économique (emploi et salaire fixe). Dans d'autres pays, enfin, les unions de fait sont très nombreuses, non seulement à cause du rejet des valeurs de la famille et du mariage, mais surtout parce que se marier est perçu comme un luxe, en raison des conditions sociales, de sorte que la misère matérielle pousse à vivre des unions de fait ».[321] Mais « toutes ces situations doivent être affrontées d'une manière constructive, en cherchant à les transformer en occasions de cheminement vers la plénitude du mariage et de la famille à la lumière de l'Évangile. Il s'agit de les accueillir et de les accompagner avec patience et délicatesse ».[322] C'est ce qu'a fait Jésus avec la samaritaine (cf. *Jn* 4,1-26) : il a adressé une parole à son désir d'un amour vrai, pour la libérer de tout ce qui obscurcissait sa vie et la conduire à la joie pleine de l'Évangile.

295. Dans ce sens, saint Jean-Paul II proposait ce qu'on appelle la "loi de gradualité", conscient que l'être humain « connaît, aime et accomplit le bien moral en suivant les

---

320 Cf. *Ibid.*

321 *Relatio Synodi 2014*, n. 42.

322 *Ibid.*, n. 43.

étapes d'une croissance ».[323] Ce n'est pas une "gradualité de la loi", mais une gradualité dans l'accomplissement prudent des actes libres de la part de sujets qui ne sont dans des conditions ni de comprendre, ni de valoriser ni d'observer pleinement les exigences objectives de la loi. En effet, la loi est aussi un don de Dieu qui indique le chemin, un don pour tous sans exception qu'on peut vivre par la force de la grâce, même si chaque être humain « va peu à peu de l'avant grâce à l'intégration progressive des dons de Dieu et des exigences de son amour définitif et absolu dans toute la vie personnelle et sociale de l'homme ».[324]

Le discernement des situations dites "irrégulières"[325]

296. Le Synode s'est référé à diverses situations de fragilité ou d'imperfection. À ce sujet, je voudrais rappeler ici quelque chose dont j'ai voulu faire clairement part à toute l'Église pour que nous ne nous trompions pas de chemin : « Deux logiques parcourent toute l'histoire de l'Église : exclure et réintégrer [...]. La route de l'Église, depuis le Concile de Jérusalem, est toujours celle de Jésus : celle de la miséricorde et de l'intégration [...]. La route de l'Église est celle de ne condamner personne éternellement ; de répandre la miséricorde de Dieu sur toutes les personnes qui la demandent d'un cœur sincère [...Car] la

323 Exhort. ap. *Familiaris consortio* (22 novembre 1981), n. 34 : *AAS* 74 (1982), p. 123.
324 *Ibid.*, n. 9 : *AAS* 74 (1982), p. 90.
325 Cf. *Catéchèse* (24 juin 2015) : *L'Osservatore Romano,* éd. en langue française, 25 juin 2015, p. 2.

charité véritable est toujours imméritée, inconditionnelle et gratuite ! »[326] Donc, « il faut éviter des jugements qui ne tiendraient pas compte de la complexité des diverses situations ; il est également nécessaire d'être attentif à la façon dont les personnes vivent et souffrent à cause de leur condition ».[327]

297. Il s'agit d'intégrer tout le monde, on doit aider chacun à trouver sa propre manière de faire partie de la communauté ecclésiale, pour qu'il se sente objet d'une miséricorde "imméritée, inconditionnelle et gratuite". Personne ne peut être condamné pour toujours, parce que ce n'est pas la logique de l'Évangile ! Je ne me réfère pas seulement aux divorcés engagés dans une nouvelle union, mais à tous, en quelque situation qu'ils se trouvent. Bien entendu, si quelqu'un fait ostentation d'un péché objectif comme si ce péché faisait partie de l'idéal chrétien, ou veut imposer une chose différente de ce qu'enseigne l'Église, il ne peut prétendre donner des cours de catéchèse ou prêcher, et dans ce sens il y a quelque chose qui le sépare de la communauté (cf. *Mt* 18,17). Il faut réécouter l'annonce de l'Évangile et l'invitation à la conversion. Cependant même pour celui-là, il peut y avoir une manière de participer à la vie de la communauté, soit à travers des tâches sociales, des réunions de prière ou de la manière que, de sa propre initiative, il suggère, en accord avec le discernement du Pasteur. En ce qui concerne la façon

---

326 *Homélie à l'occasion de l'Eucharistie célébrée avec les nouveaux cardinaux* (15 février 2015) : *L'Osservatore Romano,* éd. en langue française, 19 février 2015, p. 8.

327 *Relatio finalis 2015,* n. 51.

de traiter les diverses situations dites "irrégulières", les Pères synodaux ont atteint un consensus général, que je soutiens : « Dans l'optique d'une approche pastorale envers les personnes qui ont contracté un mariage civil, qui sont divorcées et remariées, ou qui vivent simplement en concubinage, il revient à l'Église de leur révéler la divine pédagogie de la grâce dans leurs vies et de les aider à parvenir à la plénitude du plan de Dieu sur eux »,[328] toujours possible avec la force de l'Esprit Saint.

298. Les divorcés engagés dans une nouvelle union, par exemple, peuvent se retrouver dans des situations très différentes, qui ne doivent pas être cataloguées ou enfermées dans des affirmations trop rigides sans laisser de place à un discernement personnel et pastoral approprié. Une chose est une seconde union consolidée dans le temps, avec de nouveaux enfants, avec une fidélité prouvée, un don de soi généreux, un engagement chrétien, la conscience de l'irrégularité de sa propre situation et une grande difficulté à faire marche arrière sans sentir en conscience qu'on commet de nouvelles fautes. L'Église reconnaît des situations où « l'homme et la femme ne peuvent pas, pour de graves motifs – par exemple l'éducation des enfants –, remplir l'obligation de la séparation ».[329] Il y a aussi le cas de ceux qui ont consenti d'importants efforts

---

328 *Relatio Synodi 2014*, n. 25.

329 Jean-Paul II, Exhort. ap. *Familiaris consortio* (22 novembre 1981), n. 84 : *AAS* 74 (1982), p. 186. Dans ces situations, connaissant et acceptant la possibilité de cohabiter "comme frère et sœur" que l'Église leur offre, beaucoup soulignent que s'il manque certaines manifestations d'intimité « la fidélité peut courir des risques et le bien des enfants être compromis »

pour sauver le premier mariage et ont subi un abandon injuste, ou celui de « ceux qui ont contracté une seconde union en vue de l'éducation de leurs enfants, et qui ont parfois, en conscience, la certitude subjective que le mariage précédent, irrémédiablement détruit, n'avait jamais été valide ».[330] Mais autre chose est une nouvelle union provenant d'un divorce récent, avec toutes les conséquences de souffrance et de confusion qui affectent les enfants et des familles entières, ou la situation d'une personne qui a régulièrement manqué à ses engagements familiaux. Il doit être clair que ceci n'est pas l'idéal que l'Évangile propose pour le mariage et la famille. Les Pères synodaux ont affirmé que le discernement des Pasteurs doit toujours se faire « en distinguant attentivement »[331] les situations, d'un « regard différencié ».[332] Nous savons qu'il n'existe pas de « recettes simples ».[333]

299. J'accueille les considérations de beaucoup de Pères synodaux, qui sont voulu signaler que « les baptisés divorcés et remariés civilement doivent être davantage intégrés dans les communautés chrétiennes selon les diverses façons possibles, en évitant toute occasion de scandale. La logique de l'intégration est la clef de leur

---

(Conc. Œcum. Vat. II, Const. past. *Gaudium et spes*, sur l'Église dans le monde de ce temps, n. 51).

330 Jean-Paul II, Exhort. ap. *Familiaris consortio* (22 novembre 1981), n. 84 : *AAS* 74 (1982), p. 186.

331 *Relatio Synodi 2014*, n. 26.

332 *Ibid.*, n. 45.

333 Benoît XVI, *Discours à la VIIème Rencontre Mondiale des Familles*, Milan (2 juin 2012), réponse n. 5 : *L'Osservatore Romano*, éd. en langue française, 7 juin 2012, p. 11.

accompagnement pastoral, afin que non seulement ils sachent qu'ils appartiennent au Corps du Christ qu'est l'Église, mais qu'ils puissent en avoir une joyeuse et féconde expérience. Ce sont des baptisés, ce sont des frères et des sœurs, l'Esprit Saint déverse en eux des dons et des charismes pour le bien de tous. Leur participation peut s'exprimer dans divers services ecclésiaux : il convient donc de discerner quelles sont, parmi les diverses formes d'exclusion actuellement pratiquées dans les domaines liturgique, pastoral, éducatif et institutionnel, celles qui peuvent être dépassées. Non seulement ils ne doivent pas se sentir excommuniés, mais ils peuvent vivre et mûrir comme membres vivants de l'Église, la sentant comme une mère qui les accueille toujours, qui s'occupe d'eux avec beaucoup d'affection et qui les encourage sur le chemin de la vie et de l'Évangile. Cette intégration est nécessaire également pour le soin et l'éducation chrétienne de leurs enfants, qui doivent être considérés comme les plus importants ».[334]

300. Si l'on tient compte de l'innombrable diversité des situations concrètes, comme celles mentionnées auparavant, on peut comprendre qu'on ne devait pas attendre du Synode ou de cette Exhortation une nouvelle législation générale du genre canonique, applicable à tous les cas. Il faut seulement un nouvel encouragement au discernement responsable personnel et pastoral des cas particuliers, qui devrait reconnaître que, étant donné que « le degré de responsabilité n'est pas le même dans

334 *Relatio finalis 2015*, n. 84.

tous les cas »,[335] les conséquences ou les effets d'une norme ne doivent pas nécessairement être toujours les mêmes.[336] Les prêtres ont la mission « d'accompagner les personnes intéressées sur la voie du discernement selon l'enseignement de l'Église et les orientations de l'évêque. Dans ce processus, il sera utile de faire un examen de conscience, grâce à des moments de réflexion et de repentir. Les divorcés remariés devraient se demander comment ils se sont comportés envers leurs enfants quand l'union conjugale est entrée en crise ; s'il y a eu des tentatives de réconciliation ; quelle est la situation du partenaire abandonné ; quelles conséquences a la nouvelle relation sur le reste de la famille et sur la communauté des fidèles ; quel exemple elle offre aux jeunes qui doivent se préparer au mariage. Une réflexion sincère peut renforcer la confiance en la miséricorde de Dieu, qui n'est refusée à personne ».[337] Il s'agit d'un itinéraire d'accompagnement et de discernement qui « oriente ces fidèles à la prise de conscience de leur situation devant Dieu. Le colloque avec le prêtre, dans le for interne, concourt à la formation d'un jugement correct sur ce qui entrave la possibilité d'une participation plus entière à la vie de l'Église et sur les étapes à accomplir pour la favoriser et la faire grandir. Étant donné que, dans la loi elle-même, il n'y a pas de

335 *Ibid.*, n. 51.

336 Pas davantage en ce qui concerne la discipline sacramentelle, étant donné que le discernement peut reconnaître que dans une situation particulière il n'y a pas de faute grave. Ici, s'applique ce que j'ai affirmé dans un autre document : cf. Exhort. ap. *Evangelii gaudium* (24 novembre 2013), nn. 44.47 : *AAS* 105 (2013), pp. 1038.1040.

337 *Relatio finalis 2015*, n. 85.

gradualité (cf. *Familiaris consortio,* n. 34), ce discernement ne pourra jamais s'exonérer des exigences de vérité et de charité de l'Évangile proposées par l'Église. Pour qu'il en soit ainsi, il faut garantir les conditions nécessaires d'humilité, de discrétion, d'amour de l'Église et de son enseignement, dans la recherche sincère de la volonté de Dieu et avec le désir de parvenir à y répondre de façon plus parfaite ».[338] Ces attitudes sont fondamentales pour éviter le grave risque de messages erronés, comme l'idée qu'un prêtre peut concéder rapidement des "exceptions", ou qu'il existe des personnes qui peuvent obtenir des privilèges sacramentaux en échange de faveurs. Lorsqu'on rencontre une personne responsable et discrète, qui ne prétend pas placer ses désirs au-dessus du bien commun de l'Église, et un Pasteur qui sait reconnaître la gravité de la question entre ses mains, on évite le risque qu'un discernement donné conduise à penser que l'Église entretient une double morale.

Les circonstances atténuantes dans le discernement pastoral

301. Pour comprendre de manière appropriée pourquoi un discernement spécial est possible et nécessaire dans certaines situations dites "irrégulières", il y a une question qui doit toujours être prise en compte, de manière qu'on ne pense jamais qu'on veut diminuer les exigences de l'Évangile. L'Église a une solide réflexion sur

338 *Ibid.*, n. 86.

les conditionnements et les circonstances atténuantes. Par conséquent, il n'est plus possible de dire que tous ceux qui se trouvent dans une certaine situation dite "irrégulière" vivent dans une situation de péché mortel, privés de la grâce sanctifiante. Les limites n'ont pas à voir uniquement avec une éventuelle méconnaissance de la norme. Un sujet, même connaissant bien la norme, peut avoir une grande difficulté à saisir les « valeurs comprises dans la norme »[339] ou peut se trouver dans des conditions concrètes qui ne lui permettent pas d'agir différemment et de prendre d'autres décisions sans une nouvelle faute. Comme les Pères synodaux l'ont si bien exprimé, « il peut exister des facteurs qui limitent la capacité de décision ».[340] Saint Thomas d'Aquin reconnaissait déjà qu'une personne peut posséder la grâce et la charité, mais ne pas pouvoir bien exercer quelques vertus,[341] en sorte que même si elle a toutes les vertus morales infuses, elle ne manifeste pas clairement l'existence de l'une d'entre elles, car l'exercice extérieur de cette vertu est rendu difficile : « Quand on dit que des saints n'ont pas certaines vertus, c'est en tant qu'ils éprouvent de la difficulté dans les actes de ces vertus, mais ils n'en possèdent pas moins les habitudes de toutes les vertus ». [342]

---

339 Jean-Paul II, Exhort. ap. *Familiaris consortio* (22 novembre 1981), n. 33 : *AAS* 74 (1982), p. 121.

340 *Relatio finalis 2015*, n. 51.

341 Cf. *Somme Théologique* I-II, q. 65, art. 3, ad. 2 ; *De Malo*, q. 2, a. 2.

342 *Ibid.*, ad 3.

302. En ce qui concerne ces conditionnements, le *Catéchisme de l'Église catholique* s'exprime clairement : « L'imputabilité et la responsabilité d'une action peuvent être diminuées voire supprimées par l'ignorance, l'inadvertance, la violence, la crainte, les habitudes, les affections immodérées et d'autres facteurs psychiques ou sociaux ».[343] Dans un autre paragraphe, il se réfère de nouveau aux circonstances qui atténuent la responsabilité morale, et mentionne, dans une gamme variée, « l'immaturité affective, [...] la force des habitudes contractées, [...] l'état d'angoisse ou [d']autres facteurs psychiques ou sociaux ».[344] C'est pourquoi, un jugement négatif sur une situation objective n'implique pas un jugement sur l'imputabilité ou la culpabilité de la personne impliquée.[345] Au regard de ces convictions, je considère très approprié ce que beaucoup de Pères synodaux ont voulu soutenir : « Dans des circonstances déterminées, les personnes ont beaucoup de mal à agir différemment [...]. Le discernement pastoral, tout en tenant compte de la conscience correctement formée des personnes, doit prendre en charge ces situations. Les conséquences des

343 N. 1735.

344 Cf. *Ibid.*, n. 2352; cf. Congrégation pour la Doctrine de la Foi, Déclaration *Iura et bona*, sur l'euthanasie (5 mai 1980), II : *AAS* 72 (1980), p. 546. Jean-Paul II, critiquant la catégorie de l'"option fondamentale", reconnaissait que « sans aucun doute il peut y avoir des situations très complexes et obscures sur le plan psychologique, qui ont une incidence sur la responsabilité subjective du pécheur » : Exhort. ap. *Reconciliatio et paenitentia* (2 décembre 1984), n. 17 : *AAS* 77 (1985), p. 223.

345 Cf. Conseil Pontifical pour les Textes Législatifs, *Déclaration sur l'admissibilité des divorcés remariés à la sainte communion* (24 juin 2000), n. 2.

actes accomplis ne sont pas non plus nécessairement les mêmes dans tous les cas ».[346]

303. À partir de la reconnaissance du poids des conditionnements concrets, nous pouvons ajouter que la conscience des personnes doit être mieux prise en compte par la praxis de l'Église dans certaines situations qui ne réalisent pas objectivement notre conception du mariage. Évidemment, il faut encourager la maturation d'une conscience éclairée, formée et accompagnée par le discernement responsable et sérieux du Pasteur, et proposer une confiance toujours plus grande dans la grâce. Mais cette conscience peut reconnaître non seulement qu'une situation ne répond pas objectivement aux exigences générales de l'Évangile. De même, elle peut reconnaître sincèrement et honnêtement que c'est, pour le moment, la réponse généreuse qu'on peut donner à Dieu, et découvrir avec une certaine assurance morale que cette réponse est le don de soi que Dieu lui-même demande au milieu de la complexité concrète des limitations, même si elle n'atteint pas encore pleinement l'idéal objectif. De toute manière, souvenons-nous que ce discernement est dynamique et doit demeurer toujours ouvert à de nouvelles étapes de croissance et à de nouvelles décisions qui permettront de réaliser l'idéal plus pleinement.

346 *Relatio finalis 2015*, 85.

Les normes et le discernement

304. Il est mesquin de se limiter seulement à considérer si l'agir d'une personne répond ou non à une loi ou à une norme générale, car cela ne suffit pas pour discerner et assurer une pleine fidélité à Dieu dans l'existence concrète d'un être humain. Je demande avec insistance que nous nous souvenions toujours d'un enseignement de saint Thomas d'Aquin, et que nous apprenions à l'intégrer dans le discernement pastoral : « Bien que dans les principes généraux, il y ait quelque nécessité, plus on aborde les choses particulières, plus on rencontre de défaillances [...]. Dans le domaine de l'action, au contraire, la vérité ou la rectitude pratique n'est pas la même pour tous dans les applications particulières, mais uniquement dans les principes généraux ; et chez ceux pour lesquels la rectitude est identique dans leurs actions propres, elle n'est pas également connue de tous [...]. Plus on entre dans les détails, plus les exceptions se multiplient ».[347] Certes, les normes générales présentent un bien qu'on ne doit jamais ignorer ni négliger, mais dans leur formulation, elles ne peuvent pas embrasser dans l'absolu toutes les situations particulières. En même temps, il faut dire que, précisément pour cette raison, ce qui fait partie d'un discernement pratique face à une situation particulière ne peut être élevé à la catégorie d'une norme. Cela, non seulement donnerait lieu à une casuistique insupportable,

347 *Somme Théologique* I-II, q. 94, art. 4.

mais mettrait en danger les valeurs qui doivent être soigneusement préservées.[348]

305. Par conséquent, un Pasteur ne peut se sentir satisfait en appliquant seulement les lois morales à ceux qui vivent des situations "irrégulières", comme si elles étaient des pierres qui sont lancées à la vie des personnes. C'est le cas des cœurs fermés, qui se cachent ordinairement derrière les enseignements de l'Église « pour s'asseoir sur la cathèdre de Moïse et juger, quelquefois avec supériorité et superficialité, les cas difficiles et les familles blessées ». [349] Dans cette même ligne, s'est exprimée la Commission Théologique Internationale : « La loi naturelle ne saurait donc être présentée comme un ensemble déjà constitué de règles qui s'imposent a priori au sujet moral, mais elle est une source d'inspiration objective pour sa démarche, éminemment personnelle, de prise de décision ». [350] À cause des conditionnements ou des facteurs atténuants, il est possible que, dans une situation objective de péché – qui n'est pas subjectivement imputable ou qui ne l'est pas pleinement – l'on

---

348 Dans un autre texte, en se référant à la connaissance générale de la norme et à la connaissance particulière du discernement pratique, saint Thomas arrive à affirmer que « s'il n'y a qu'une seule des deux connaissances, il est préférable que ce soit la connaissance de la réalité particulière qui s'approche plus de l'agir » : Thomas d'Aquin, *Sententia libri Ethicorum,* VI, 6 (éd. Leonina, t. XLVII, p. 354).

349 *Discours à l'occasion de la clôture de la XIV*ème *Assemblée générale ordinaire du Synode des Evêques* (24 octobre 2015) : *L'Osservatore Romano,* éd. en langue française, 29 octobre 2015, p. 8.

350 *À la recherche d'une éthique universelle : nouveau regard sur la loi naturelle* (2009), n. 59.

puisse vivre dans la grâce de Dieu, qu'on puisse aimer, et qu'on puisse également grandir dans la vie de la grâce et dans la charité, en recevant à cet effet l'aide de l'Église.[351] Le discernement doit aider à trouver les chemins possibles de réponse à Dieu et de croissance au milieu des limitations. En croyant que tout est blanc ou noir, nous fermons parfois le chemin de la grâce et de la croissance, et nous décourageons des cheminements de sanctifications qui rendent gloire à Dieu. Rappelons-nous qu'« un petit pas, au milieu de grandes limites humaines, peut être plus apprécié de Dieu que la vie extérieurement correcte de celui qui passe ses jours sans avoir à affronter d'importantes difficultés ».[352] La pastorale concrète des ministres et des communautés ne peut cesser de prendre en compte cette réalité.

306. En toute circonstance, face à ceux qui ont des difficultés à vivre pleinement la loi divine doit résonner l'invitation à parcourir la *via caritatis*. La charité fraternelle est la première loi des chrétiens (cf. *Jn* 15,12; *Ga* 5,14). N'oublions pas la promesse des Écritures: « Avant tout, conservez entre vous une grande charité, car la charité couvre une multitude de péchés » (*1P* 4,8). « Romps tes

351 Dans certains cas, il peut s'agir aussi de l'aide des sacrements. Voilà pourquoi, « aux prêtres je rappelle que le confessionnal ne doit pas être une salle de torture mais un lieu de la miséricorde du Seigneur »: Exhort. ap. *Evangelii gaudium* (24 novembre 2013), n. 44: *AAS* 105 (2013), p. 1038. Je souligne également que l'Eucharistie « n'est pas un prix destiné aux parfaits, mais un généreux remède et un aliment pour les faibles » (*Ibid.*, n. 47: p. 1039).

352 Exhort. ap. *Evangelii gaudium* (24 novembre 2013), n. 44: *AAS* 105 (2013), pp. 1038-1039.

péchés par les œuvres de justice, et tes iniquités en faisant miséricorde aux pauvres » (*Dn* 4, 24). « L'eau éteint les flammes, l'aumône remet les péchés » (*Si* 3, 30). C'est aussi ce qu'enseigne saint Augustin : « Comme en danger d'incendie nous courons chercher de l'eau pour l'éteindre, [...] de la même manière, si surgit de notre paille la flamme du péché et que pour cela nous en sommes troublés, une fois que nous est donnée l'occasion d'une œuvre de miséricorde, réjouissons-nous d'une telle œuvre comme si elle était une source qui nous est offerte pour que nous puissions étouffer l'incendie ».[353]

La logique de la miséricorde pastorale

307. Afin d'éviter toute interprétation déviante, je rappelle que d'aucune manière l'Église ne doit renoncer à proposer l'idéal complet du mariage, le projet de Dieu dans toute sa grandeur : « Les jeunes baptisés doivent être encouragés à ne pas hésiter devant la richesse que le sacrement du mariage procure à leurs projets d'amour, forts du soutien qu'ils reçoivent de la grâce du Christ et de la possibilité de participer pleinement à la vie de l'Église ».[354] La tiédeur, toute forme de relativisme, ou un respect excessif quand il s'agit de le proposer, seraient un manque de fidélité à l'Évangile et également un manque d'amour de l'Église envers ces mêmes jeunes. Comprendre les situations exceptionnelles n'implique jamais d'occulter

353 *De catechizandis rudibus*, I, 14, 22 : *PL* 40, 327 ; cf. Exhort. ap. *Evangelii gaudium* (24 novembre 2013), n. 193 : *AAS* 105 (2013), p. 1101.
354 *Relatio Synodi 2014*, n. 26.

la lumière de l'idéal dans son intégralité ni de proposer moins que ce que Jésus offre à l'être humain. Aujourd'hui, plus important qu'une pastorale des échecs est l'effort pastoral pour consolider les mariages et prévenir ainsi les ruptures.

308. Cependant, de notre prise de conscience relative au poids des circonstances atténuantes – psychologiques, historiques, voire biologiques – il résulte que « sans diminuer la valeur de l'idéal évangélique, il faut accompagner avec miséricorde et patience les étapes possibles de croissance des personnes qui se construisent jour après jour » ouvrant la voie à « la miséricorde du Seigneur qui nous stimule à faire le bien qui est possible ».[355] Je comprends ceux qui préfèrent une pastorale plus rigide qui ne prête à aucune confusion. Mais je crois sincèrement que Jésus Christ veut une Église attentive au bien que l'Esprit répand au milieu de la fragilité : une Mère qui, en même temps qu'elle exprime clairement son enseignement objectif, « ne renonce pas au bien possible, même [si elle] court le risque de se salir avec la boue de la route ».[356] Les Pasteurs, qui proposent aux fidèles l'idéal complet de l'Évangile et la doctrine de l'Église, doivent les aider aussi à assumer la logique de la compassion avec les personnes fragiles et à éviter les persécutions ou les jugements trop durs ou impatients. L'Évangile lui-même nous demande de ne pas juger et de ne pas condamner (cf. *Mt* 7,1 ; *Lc* 6,37). Jésus « attend que nous renoncions à chercher ces abris

355 Exhort. ap. *Evangelii gaudium* (24 novembre 2013), n. 44 : *AAS* 105 (2013), p. 1038.
356 *Ibid.*, n. 45 : *AAS* 105 (2013), p. 1039.

personnels ou communautaires qui nous permettent de nous garder distants du cœur des drames humains, afin d'accepter vraiment d'entrer en contact avec l'existence concrète des autres et de connaître la force de la tendresse. Quand nous le faisons, notre vie devient toujours merveilleuse ».[357]

309. Il est providentiel que ces réflexions aient lieu dans le contexte d'une Année Jubilaire consacrée à la miséricorde, car face également aux diverses situations qui affectent la famille, « l'Église a pour mission d'annoncer la miséricorde de Dieu, cœur battant de l'Évangile, qu'elle doit faire parvenir au cœur et à l'esprit de tous. L'Épouse du Christ adopte l'attitude du Fils de Dieu qui va à la rencontre de tous, sans exclure personne ».[358] Elle sait bien que Jésus lui-même se présente comme le Pasteur de cent brebis, non pas de quatre-vingt-dix-neuf. Il les veut toutes. Si on est conscient de cela, il sera possible qu'« à tous, croyants ou loin de la foi, puisse parvenir le baume de la miséricorde comme signe du Règne de Dieu déjà présent au milieu de nous ».[359]

310. Nous ne pouvons pas oublier que « la miséricorde n'est pas seulement l'agir du Père, mais elle devient le critère pour comprendre qui sont ses véritables enfants. En résumé, nous sommes invités à vivre de miséricorde

357 *Ibid.*, n. 270 : *AAS* 105 (2013), p. 1128.
358 Bulle *Misericordiae Vultus* (11 avril 2015), n. 12 : *ASS* 107 (2015), p. 407.
359 *Ibid.*, n. 5 : p. 402.

parce qu'il nous a d'abord été fait miséricorde ».[360] Il ne s'agit pas d'une offre romantique ou d'une réponse faible face à l'amour de Dieu, qui veut toujours promouvoir les personnes, car « la miséricorde est le pilier qui soutient la vie de l'Église. Dans son action pastorale, tout devrait être enveloppé de la tendresse par laquelle on s'adresse aux croyants. Dans son annonce et le témoignage qu'elle donne face au monde, rien ne peut être privé de miséricorde ».[361] Certes, parfois « nous nous comportons fréquemment comme des contrôleurs de la grâce et non comme des facilitateurs. Mais l'Église n'est pas une douane, elle est la maison paternelle où il y a de la place pour chacun avec sa vie difficile ».[362]

311. L'enseignement de la théologie morale ne devrait pas cesser d'intégrer ces considérations, parce que s'il est vrai qu'il faut préserver l'intégralité de l'enseignement moral de l'Église, on doit toujours mettre un soin particulier à souligner et encourager les valeurs plus hautes et centrales de l'Évangile,[363] surtout la primauté de la charité comme réponse à l'initiative gratuite de l'amour de Dieu. Parfois, il nous coûte beaucoup de faire place à l'amour inconditionnel de Dieu dans la pastorale.[364] Nous posons tant de conditions

---

360 *Ibid.*, n. 9 : p. 405.

361 *Ibid.*, n. 10: p. 406.

362 Exhort. ap. *Evangelii gaudium* (24 novembre 2013), n. 47 : *AAS* 105 (2013), p. 1040.

363 Cf. *ibid.*, nn. 36-37 : *AAS* 105 (2013), p. 1035.

364 Peut-être par scrupule, sous couvert d'un grand souci de fidélité à la vérité, certains prêtres exigent-ils des pénitents une promesse d'amendement sans aucune ombre, et ainsi la miséricorde est ensevelie par la recherche d'une justice supposée pure. À ce sujet, il vaut la peine

à la miséricorde que nous la vidons de son sens concret et de signification réelle, et c'est la pire façon de liquéfier l'Évangile. Sans doute, par exemple, la miséricorde n'exclut pas la justice et la vérité, mais avant tout, nous devons dire que la miséricorde est la plénitude de la justice et la manifestation la plus lumineuse de la vérité de Dieu. C'est pourquoi, il convient toujours de considérer que « toutes les notions théologiques qui, en définitive, remettent en question la toute-puissance de Dieu, et en particulier sa miséricorde, sont inadéquates ».[365]

312. Cela nous offre un cadre et un climat qui nous empêchent de développer une morale bureaucratique froide en parlant des thèmes les plus délicats, et nous situe plutôt dans le contexte d'un discernement pastoral empreint d'amour miséricordieux, qui tend toujours à comprendre, à pardonner, à accompagner, à attendre, et surtout à intégrer. C'est la logique qui doit prédominer dans l'Église, pour « faire l'expérience d'ouvrir le cœur à ceux qui vivent dans les périphéries existentielles les plus différentes ».[366] J'invite les fidèles qui vivent des situations compliquées, à s'approcher avec confiance de leurs pasteurs ou d'autres laïcs qui vivent dans le

---

de rappeler l'enseignement de saint Jean-Paul II qui a affirmé que la probabilité d'une nouvelle chute « ne nuit pas à l'authenticité de la résolution » : (*Lettre au Card. William W. Baum à l'occasion du cours annuel sur le for interne organisé par la Pénitencerie Apostolique* (22 mars 1996), n. 5 : *Insegnamenti*, XIX, 1 [1996], p. 589).

365 Commission Théologique Internationale, *L'espérance de salut pour les enfants qui meurent sans baptême* (19 avril 2007), n. 2.

366 Bulle *Misericordiae Vultus* (11 avril 2015), n. 15 : *ASS* 107 (2015), p. 409.

dévouement au Seigneur pour s'entretenir avec eux. Ils ne trouveront pas toujours en eux la confirmation de leurs propres idées ou désirs, mais sûrement, ils recevront une lumière qui leur permettra de mieux saisir ce qui leur arrive et pourront découvrir un chemin de maturation personnelle. Et j'invite les pasteurs à écouter avec affection et sérénité, avec le désir sincère d'entrer dans le cœur du drame des personnes et de comprendre leur point de vue, pour les aider à mieux vivre et à reconnaître leur place dans l'Église.

Neuvième chapitre

SPIRITUALITÉ MATRIMONIALE ET FAMILIALE

313. La charité présente des nuances différentes, selon l'état de vie auquel chacun a été appelé. Il y a quelques décennies, lorsque le Concile Vatican II se référait à l'apostolat des laïcs, il soulignait la spiritualité qui jaillit de la vie familiale. Il affirmait que la spiritualité des laïcs « doit revêtir des caractéristiques particulières suivant les conditions de vie de chacun », y compris l'état de « vie conjugale et familiale » [367] et que les préoccupations familiales ne doivent pas être étrangères à leur style de vie spirituel.[368] Donc, il importe de nous arrêter brièvement à décrire certaines notes fondamentales de cette spiritualité spécifique qui se déploie dans le dynamisme des relations de la vie familiale.

Spiritualité de la communion surnaturelle

314. Nous avons toujours parlé de l'inhabitation divine dans le cœur de la personne qui vit dans sa grâce. Aujourd'hui, nous pouvons dire également que la Trinité

---

367 Décr. *Apostolicam actuositatem*, sur l'apostolat des laïcs, n. 4.
368 Cf. *Ibid.*

est présente dans le temple de la communion matrimoniale. Tout comme elle habite dans les louanges de son peuple (cf. *Ps* 22,4), elle vit intimement dans l'amour matrimonial qui lui rend gloire.

315. La présence du Seigneur se manifeste dans la famille réelle et concrète, avec toutes ses souffrances, ses luttes, ses joies et ses efforts quotidiens. Lorsqu'on vit en famille, il est difficile d'y feindre et d'y mentir ; nous ne pouvons pas porter un masque. Si l'amour anime cette authenticité, le Seigneur y règne avec sa joie et sa paix. La spiritualité de l'amour familial est faite de milliers de gestes réels et concrets. Dans cette variété de dons et de rencontres qui font mûrir la communion, Dieu établit sa demeure. Ce don de soi associe à la fois « l'humain et le divin »,[369] car il est plein de l'amour de Dieu. En définitive, la spiritualité matrimoniale est la spiritualité du lien habité par l'amour divin.

316. Une communion familiale bien vécue est un vrai chemin de sanctification dans la vie ordinaire et de croissance mystique, un moyen de l'union intime avec Dieu. En effet, les exigences fraternelles et communautaires de la vie en famille sont une occasion pour ouvrir de plus en plus le cœur, et cela rend possible une rencontre toujours plus pleine avec le Seigneur. La Parole de Dieu dit que « celui qui hait son frère est dans les ténèbres, il marche dans les ténèbres » (*1 Jn* 2, 11), « il demeure dans la mort » (*1 Jn* 3, 14)

369 Conc. Œcum. Vat. II, Const. past. *Gaudium et spes*, sur l'Église dans le monde de ce temps, n. 49.

et « il n'a pas connu Dieu » (*1 Jn* 4, 8). Mon prédécesseur Benoît XVI a dit que « fermer les yeux sur son prochain rend aveugle aussi devant Dieu » [370] et que l'amour est au fond l'unique lumière « qui illumine sans cesse à nouveau un monde dans l'obscurité ».[371] C'est seulement « si nous nous aimons les uns les autres, [que] Dieu demeure en nous, [qu']en nous son amour est accompli » (*1 Jn* 4,12). Puisque « la personne humaine a dans sa structure naturelle une dimension sociale » [372] et que « l'expression première et originelle de la dimension sociale de la personne, c'est le couple et la famille », [373] la spiritualité se concrétise dans la communion familiale. Donc, ceux qui sont animés de profonds désirs de spiritualité ne doivent pas croire que la famille les éloigne de la croissance dans la vie de l'Esprit, mais qu'elle constitue un chemin que le Seigneur choisit pour les conduire aux sommets de l'union mystique.

Ensemble en prière à la lumière de Pâques

317. Si la famille parvient à se concentrer dans le Christ, il unifie et illumine toute la vie familiale. Les douleurs et les angoisses sont vécues en communion avec la Croix du Seigneur, et l'embrasser permet d'affronter les pires moments. Dans les jours difficiles pour la famille, il y a

370 Lettre enc. *Deus caritas est* (25 décembre 2005), n. 16 : *AAS* 98 (2006), p. 230.
371 *Ibid.*, n. 39 : *AAS* 98 (2006), p. 250.
372 Jean-Paul II, Exhort. ap. post-syn. *Christifideles laici* (30 décembre 1988), n. 40 : *AAS* 81 (1989), p. 468.
373 *Ibid.*

une union avec Jésus abandonné qui peut aider à éviter une rupture. Les familles atteignent peu à peu, « avec la grâce de l'Esprit Saint, leur sainteté à travers la vie conjugale, en participant aussi au mystère de la croix du Christ, qui transforme les difficultés et les souffrances en offrande d'amour ».[374] D'autre part, les moments de joie, le repos ou la fête, et même la sexualité, sont vécus comme une participation à la vie pleine de sa Résurrection. Les conjoints constituent par divers gestes quotidiens ce « lieu théologal où l'on peut faire l'expérience de la présence mystique du Seigneur ressuscité ».[375]

318. La prière en famille est un moyen privilégié pour exprimer et renforcer cette foi pascale.[376] On peut réserver quelques minutes chaque jour afin d'être unis devant le Seigneur vivant, de lui dire les préoccupations, prier pour les besoins de la famille, prier pour quelqu'un qui traverse un moment difficile, afin de demander de l'aide pour aimer, rendre grâce pour la vie et pour les choses bonnes, pour demander à la Vierge de protéger par son manteau de mère. Par des mots simples, ce moment de prière peut faire beaucoup de bien à la famille. Les diverses expressions de la piété populaire sont un trésor de spiritualité pour de nombreuses familles. Le chemin communautaire de prière atteint son point culminant dans la participation à l'Eucharistie ensemble, surtout lors du repos dominical. Jésus frappe à la porte de la famille pour

---

374 *Relatio finalis 2015*, n. 87.

375 Jean-Paul II, Exhort. ap. post-syn. *Vita consecrata* (25 mars 1996), n. 42 : *AAS* 88 (1996), p. 416.

376 Cf. *Relatio finalis 2015*, n. 87.

partager avec elle la cène eucharistique (cf. *Ap* 3,20). Les époux peuvent toujours y sceller de nouveau l'alliance pascale qui les a unis et qui reflète l'Alliance que Dieu a scellée avec l'humanité à travers la Croix.[377] L'Eucharistie est le sacrement de la nouvelle Alliance où est actualisée l'action rédemptrice du Christ (cf. *Lc* 22,20). Ainsi, on se rend compte des liens intimes existant entre la vie matrimoniale et l'Eucharistie.[378] La nourriture de l'Eucharistie est une force et un encouragement pour vivre chaque jour l'alliance matrimoniale comme « Église domestique ».[379]

Spiritualité de l'amour exclusif et libre

319. Dans le mariage, on vit également le sens de l'appartenance complète à une seule personne. Les époux assument ce défi et le désir de vieillir et de se consumer ensemble et ainsi ils reflètent la fidélité de Dieu. Cette ferme décision, qui caractérise un style de vie, est une « une exigence intérieure du pacte d'amour conjugal »,[380] car « il est difficile que celui qui ne décide pas d'aimer pour toujours,

377 Cf. Jean-Paul II, Exhort. ap. *Familiaris consortio* (22 novembre 1981), n. 57 : *AAS* 74 (1982), p. 150.
378 N'oublions pas que l'Alliance de Dieu avec son peuple est désignée comme des fiançailles (cf. *Ez* 16, 8.60 ; *Is* 62, 5 ; *Os* 2, 21-22), et la nouvelle Alliance est également présentée comme un mariage (cf. *Ap* 19, 7 ; 21,2 ; *Ep* 5, 25).
379 Conc. Œcum. Vat. II, Const. dogm. *Lumen gentium*, sur l'Église, n. 11.
380 Jean-Paul II, Exhort. ap. *Familiaris consortio* (22 novembre 1981), n. 11 : *AAS* 74 (1982), p. 93.

puisse aimer vraiment pour un seul jour ».[381] Mais cela n'aurait pas de sens spirituel s'il s'agissait uniquement d'une loi vécue avec résignation. C'est une appartenance du cœur, où Dieu seul voit (cf. *Mt* 5,28). Chaque jour, en se réveillant, on renouvelle devant Dieu cette décision de fidélité, quoi qu'il arrive tout au long de la journée. Et chacun, lorsqu'il va dormir, espère se réveiller pour continuer cette aventure, en se recommandant à l'aide du Seigneur. Ainsi, chaque conjoint est pour l'autre un signe et un instrument de la proximité du Seigneur qui ne nous laisse pas seuls : « Et voici que je suis avec vous pour toujours jusqu'à la fin du monde » (*Mt* 28,20).

320. Il y a un point où l'amour des conjoints atteint sa plus grande libération et devient un lieu d'autonomie saine : lorsque chacun découvre que l'autre n'est pas sien, mais qu'il a un maître beaucoup plus important, son unique Seigneur. Personne ne peut plus vouloir prendre possession de l'intimité plus personnelle et secrète de l'être aimé et seul le Seigneur peut occuper le centre de sa vie. En même temps, le principe de réalisme spirituel fait que le conjoint ne veut plus que l'autre satisfasse complètement ses besoins. Il faut que le cheminement spirituel de chacun – comme l'indiquait si bien Dietrich Bonhoeffer – l'aide à « se défaire de ses illusions » sur l'autre,[382] à cesser d'attendre de cette personne ce qui est uniquement propre à l'amour de Dieu. Cela exige un

---

381 Id., *Homélie à l'occasion de l'Eucharistie célébrée pour les familles à Córdoba – Argentine* (8 avril 1987), n. 4 : *Insegnamenti* 10/1 (1987), pp. 1161-1162.

382 Cf. *Gemeinsames Leben*, Müchen 1973, p. 18.

dépouillement intérieur. L'espace exclusif que chacun des conjoints réserve à ses relations dans la solitude avec Dieu, permet non seulement de guérir des blessures de la cohabitation, mais aussi permet de trouver dans l'amour de Dieu le sens de sa propre existence. Nous avons besoin d'invoquer chaque jour l'action de l'Esprit pour que cette liberté intérieure soit possible.

Spiritualité de l'attention, de la consolation et de l'encouragement

321. « Les époux chrétiens sont l'un pour l'autre, pour leurs enfants et les autres membres de leur famille, les coopérateurs de la grâce et les témoins de la foi ». [383] Dieu les appelle à procréer et à protéger. C'est pourquoi la famille « est depuis toujours l'''hôpital'' le plus proche ».[384] Prenons soin les uns des autres, soutenons-nous et encourageons-nous les uns les autres, et vivons tout cela comme faisant partie de notre spiritualité familiale. La vie en couple est une participation à l'œuvre féconde de Dieu, et chacun est pour l'autre une provocation permanente de l'Esprit. L'amour de Dieu trouve « une expression significative dans l'alliance nuptiale réalisée entre l'homme et la femme ».[385] Ainsi, les deux sont entre eux reflets de

---

383 Conc. Œcum. Vat. II, Décr. *Apostolicam actuositatem*, sur l'apostolat des laïcs, n. 11.

384 *Catéchèse* (10 juin 2015) : *L'Osservatore Romano, éd. en langue française*, 11 juin 2015, p. 2.

385 Jean-Paul II, Exhort. ap. *Familiaris consortio* (22 novembre 1981), n. 12 : *AAS* 74 (1982), p. 93.

l'amour divin qui console par la parole, le regard, l'aide, la caresse, par l'étreinte. Voilà pourquoi « vouloir fonder une famille, c'est se décider à faire partie du rêve de Dieu, choisir de rêver avec lui, vouloir construire avec lui, se joindre à lui dans cette épopée de la construction d'un monde où personne ne se sentira seul ». [386]

322. Toute la vie de la famille est un "mener paître" miséricordieux. Chacun, avec soin, peint et écrit dans la vie de l'autre : « Notre lettre, c'est vous, une lettre écrite en nos cœurs [...] écrite non avec de l'encre, mais avec l'Esprit du Dieu vivant » (*2 Co* 3,2-3). Chacun est un « pêcheur d'hommes » (*Lc* 5,10), qui au nom de Jésus jette les filets (cf. *Lc* 5,5) dans les autres, ou un laboureur qui travaille cette terre fraîche que sont ses proches, en stimulant le meilleur en eux. La fécondité matrimoniale implique de promouvoir, car « aimer un être, c'est attendre de lui quelque chose d'indéfinissable, d'imprévisible ; c'est en même temps lui donner en quelque façon le moyen de répondre à cette attente ».[387] Il s'agit d'un culte à Dieu, parce que c'est lui qui a semé de nombreuses bonnes choses dans les autres en espérant que nous les fassions grandir.

323. C'est une profonde expérience spirituelle de contempler chaque proche avec les yeux de Dieu et de

---

386 *Discours à la Fête des Familles et la veillée de prière*, Philadelphie (26 septembre 2015) : *L'Osservatore Romano, éd. en langue française*, 8 octobre 2015, p. 12.

387 Gabriel Marcel, *Homo viator : prolégomènes à une métaphysique de l'espérance*, (Aubier Edition Montaigne) Paris 1944, p. 63.

reconnaître le Christ en lui. Cela demande une disponibilité gratuite qui permette de valoriser sa dignité. On peut être pleinement présent à l'autre si l'on se donne, sans justification, en oubliant tout ce qu'il y a autour de soi. Ainsi, l'être aimé mérite toute l'attention. Jésus était un modèle, car lorsqu'une personne s'approchait pour parler avec lui, il arrêtait son regard, il regardait avec amour (cf. *Mc* 10,21). Personne ne se sentait négligé en sa présence, puisque ses paroles et ses gestes étaient l'expression de cette question : « Que veux-tu que je fasse pour toi ? » (*Mc* 10,51). Cela est vécu dans la vie quotidienne de la famille. Là, nous nous souvenons que cette personne vivant avec nous mérite tout, puisqu'elle possède une dignité infinie parce qu'elle est objet de l'amour immense du Père. Ainsi jaillit la tendresse, capable de « susciter en l'autre la joie de se sentir aimé. Elle s'exprime en particulier en se tournant avec attention et délicatesse vers l'autre dans ses limites, spécialement quand elles apparaissent de façon évidente ».[388]

324. Sous l'impulsion de l'Esprit, le cercle familial non seulement accueille la vie en la procréant dans son propre sein, mais il s'ouvre, sort de soi pour répandre son bien sur d'autres, pour les protéger et chercher leur bonheur. Cette ouverture se révèle surtout dans l'hospitalité,[389] encouragée par la Parole de Dieu d'une manière suggestive : « N'oubliez pas l'hospitalité, car c'est grâce à elle que quelques-uns, à leur insu, hébergèrent des anges » (*He* 13, 2). Lorsque

388 *Relatio finalis 2015*, n. 88.

389 Cf. Jean-Paul II, Exhort. ap. *Familiaris consortio* (22 novembre 1981), n. 44 : *AAS* 74 (1982), p. 136.

la famille accueille et va vers les autres, surtout vers les pauvres et les abandonnés, elle est « symbole, témoignage, participation de la maternité de l'Église ».[390] L'amour social, reflet de la Trinité, est en réalité ce qui unifie le sens spirituel de la famille et sa mission extérieure, car elle rend présent le *kérygme* avec toutes ses exigences communautaires. La famille vit sa spiritualité en étant en même temps une Église domestique et une cellule vitale pour transformer le monde.[391]

* * *

325. Les paroles du Maître (cf. *Mt* 22,30) et celles de saint Paul (cf. *1 Cor* 7,29-31) sur le mariage sont insérées – et ce n'est pas un hasard – dans l'ultime et définitive dimension de notre existence, que nous avons besoin de revaloriser. Ainsi, les mariages pourront reconnaître le sens du chemin qu'ils parcourent. En effet, comme nous l'avons rappelé plusieurs fois dans cette Exhortation, aucune famille n'est une réalité céleste et constituée une fois pour toutes, mais la famille exige une maturation progressive de sa capacité d'aimer. Il y a un appel constant qui vient de la communion pleine de la Trinité, de la merveilleuse union entre le Christ et son Église, de cette communauté si belle qu'est la famille de Nazareth et de la fraternité sans tache qui existe entre les saints du ciel. Et, en outre, contempler la plénitude que nous n'avons pas encore

---

390 *Ibid.*, n. 49 : *AAS* 74 (1982), p. 141.

391 En ce qui concerne les dimensions sociales de la famille, cf. Conseil Pontifical « Justice et Paix », *Compendium de la Doctrine Sociale de l'Église*, nn. 248-254.

atteinte, nous permet de relativiser le parcours historique que nous faisons en tant que familles, pour cesser d'exiger des relations interpersonnelles une perfection, une pureté d'intentions et une cohérence que nous ne pourrons trouver que dans le Royaume définitif. De même, cela nous empêche de juger durement ceux qui vivent dans des conditions de grande fragilité. Tous, nous sommes appelés à maintenir vive la tension vers un au-delà de nous-mêmes et de nos limites, et chaque famille doit vivre dans cette stimulation constante. Cheminons, familles, continuons à marcher ! Ce qui nous est promis est toujours plus. Ne désespérons pas à cause de nos limites, mais ne renonçons pas non plus à chercher la plénitude d'amour et de communion qui nous a été promise.

Prière à la Sainte Famille

Jésus, Marie et Joseph
en vous, nous contemplons la splendeur de l'amour vrai,
en toute confiance nous nous adressons à vous.

Sainte Famille de Nazareth,
fais aussi de nos familles
un lieu de communion et un cénacle de prière,
d'authentiques écoles de l'Évangile
et de petites Églises domestiques.

Sainte Famille de Nazareth,
que plus jamais il n'y ait dans les familles

des scènes de violence, d'isolement et de division ;
que celui qui a été blessé ou scandalisé
soit, bientôt, consolé et guéri.

Sainte Famille de Nazareth,
fais prendre conscience à tous
du caractère sacré et inviolable de la famille,
de sa beauté dans le projet de Dieu.

Jésus, Marie et Joseph,
Écoutez, exaucez notre prière
Amen !

Donné à Rome, près de Saint Pierre, à l'occasion du Jubilé extraordinaire de la Miséricorde, le 19 mars, Solennité de saint Joseph, de l'an 2016, le quatrième de mon Pontificat.

Franciscus

TABLE DES MATIÈRES

Dépôt légal : avril 2016

Imprimé en France

Achevé d'imprimer par CPI,
en avril 2016
N° d'impression : 134384